基本必須
1850
語

公共
データバンク

一問一答 テスト対策演習

JN102043

清水書院

はじめに

　高校生諸君の「公共」への教科観は、「大学入学共通テストの対象科目だから」「必修科目としてなんらかの対策をしないと」などというのが本音だろう。その要請に応えるために、どのような知識の集約、能力の開発を準備するべきなのか。この小冊は、そのような対策の一助となろうとするものである。

　本書の大部分を占める「一問一答編」では、物事を概念的にとらえるよう心がけてほしい。「公共」の対象は、A＝Bの単純な相関に表象され、並列的にあるのではない。多くの要素が絡み合った、もう少し複雑なものだ。したがって、設問にはいくつかの重要語句が含まれている。「多事項を背景とする一問一答」なのだ。文章から答えを確認して終わりにするのではなく、逆に、答えから文章をまるごと想起するような活用を推奨する。

　151頁以降の「テスト対策演習編」の部分は、基礎的な訓練として臨んでほしい。大学入学共通テストが施行されて、これまでとの最も大きな相違は、図表活用や長文設問などの出題率である。それらの問題には、一定の知識を前提とするものと、推論的能力があれば足りるものとがある。いずれにしても慣れが肝要である。

　また、本文・設問の中に一定の条件が設定され、その条件に基づいて選択する出題形式がある。選択肢の論理的整合性、事実判断、正誤判断が決めてではない。要求される答えを的確に、素早く判断する訓練も必要である。

　しっかりとした対策を立て、堅実に努力した者の上に現実的成果はもたらされる。

　諸君の健闘を祈る。

執筆者記す

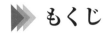 もくじ

一問一答 ▶▶ 編

1　公共の扉

公共的な空間をつくる私たち

【社会参画と青年期】

ランクA

❶社会という公共的空間のなかで，責任を持って自らの役割を果たす個人のことを何というか。

❷子どもから大人へと移行する途中段階であり，12歳ごろから23歳ごろまでの，学童期と成人期の間にはさまれた時期を何というか。

❸エリクソンは，「ライフサイクル8段階説」を唱え，青年期は忠誠心を獲得する過程で「私の社会的な中核部分」が顕在化するとした。この概念を何というか。

❹人生を8の発達段階に分け，それぞれに発達課題があるとし，青年期における課題を明確にしたアメリカの心理学者は誰か。

❺ルソーが著書『エミール』のなかで記した，身体的誕生に対して青年期の精神的な成長を示す語は何か。

❻ドイツ出身の心理学者レヴィンは，青年期を，子どもと大人の両集団に属しながらどちらからも疎外されている状態と指摘した。どのような言葉で表現したか。

❼アメリカの心理学者ホリングワースは，青年期における親からの心理的な独立を，幼児期の身体的離乳に対応させて何と表現したか。

❽人間が社会的に健全な形で成長するために乳幼児期，児童期，青年期等のそれぞれの成長過程で達成しなければならない課題を何というか。

❾オーストリアの精神医学者フロイトは，人間は欲求不満などで生じた緊張や不安を，無意識のうちに解消すると分析した。そのような自我の働きを何というか。

❿なんらかの原因で，欲求の充足が不可能な状況にあるため，情緒的な緊張が高まっている状態を何というか。

---

❶倫理的主体

❷青年期（思春期）

❸アイデンティティ（自我同一性）

❹エリクソン

❺第二の誕生

❻マージナル・マン（境界人，周辺人）

❼心理的離乳

❽発達課題

❾防衛機制（防衛反応）

❿欲求不満（フラストレーション）

⓫夢判断や自由な連想によって，人間の抑圧された記憶を引き出す精神分析の手法を開発し，深層心理学を確立した，オーストリアの精神医学者は誰か。

⓫フロイト

⓬人間の欲求は階層的で，充足するにつれて生理的な欠乏欲求から，安全，愛情，承認へと高められる。最終的には成長欲求である自己実現を望むと考えたのは誰か。

⓬マズロー

⓭自分の人生観・世界観に基づき，個性を生かしながら人生を形成し，自己の存在の尊厳を確立するために努力すること，またはその結果を何というか。

⓭自己実現（自己実現の欲求）

⓮宮参りや七五三，成人式や結婚式，葬式や法事など，人生の歩みの区切りとして行われる儀礼を何というか。

⓮通過儀礼（イニシエーション）

⓯アメリカの心理学者エリクソンは，青年が自我を確立するまでに社会的責務が免除される期間を「支払い猶予」を意味する金融用語で表現した。これを何というか。

⓯モラトリアム（心理社会的モラトリアム）

⓰個々の人間の行動や思考傾向などは，遺伝的要因と環境的要因によって形成される。能力・気質・性格からなる「その人らしさ」を何というか。

⓰パーソナリティ（個性）

⓱青年期は，既成の価値観や文化に束縛されない，あるいはそれらに対抗する独自の文化をつくりだす時期である。このような文化を何というか。

⓱若者文化（ユース・カルチャー）

⓲アイデンティティを確立していく過程で大きくつまずき，生きている実感が持てず，挫折状態に陥ることを何というか。

⓲アイデンティティ拡散

⓳複数の欲求を同時に満たせないときに，選択の決断ができずに揺れ動く心理状態を何というか。

⓳葛藤（コンフリクト）

ランクB

❶子どもと大人の境界の時期にあり，どちらの集団にも完全に帰属していない人間を「マージナル・マン（境界人）」と位置づけたドイツの心理学者は誰か。

❶レヴィン

❷個性は２つの要因が複雑に作用して形成される。この２つの要因は何か。

❷遺伝的要因，環境的要因

❸子どもが成長する過程において，親や周囲の大人たちに反抗的になる時期を何というか。

❸第二反抗期

❹青年期には，身体の成長にともない外見的な変化が起こる。男女の生殖機能の成熟に起因するこの変化を何と

❹第二次性徴

いうか。

❺防衛機制の一つで，不快な記憶を忘れようとすること を何というか。　❺抑圧

❻防衛機制の一つで，ブドウを取れなかったキツネが， 「あれは酸っぱい」と負け惜しみをいうイソップの寓話 のような，自分を強引に納得させる自我の無意識の働き を何というか。　❻合理化

❼防衛機制の一つで，ドラマを見て自分がその主人公に なった気分になり，欲求を満足させる自我の無意識の働 きを何というか。　❼同一化（同一視）

❽防衛機制の一つで，自分の短所を他人のものとみなし て非難する自我の無意識の働きを何というか。　❽投射

❾防衛機制の一つで，「ぶりっ子」のように，自分の欲 求を隠すために，過剰に逆の行動をとる自我の無意識の 働きを何というか。　❾反動形成

❿防衛機制の一つで，不安・緊張・危険などの心理的状 況を避けようとして，空想や白日夢にふけったり，遊び や気晴らしなど非日常的な世界に逃げ込む自我の無意識 の働きを何というか。　❿逃避

⓫防衛機制の一つで，新しく弟や妹の生まれた幼児が， 母親に甘えたい欲求を満足させるために，赤ちゃんのこ ろの行動に一時的に逆戻りする自我の無意識の働きを何 というか。　⓫退行

⓬防衛機制の一つで，子どものいない人が子どもの代わ りに犬をかわいがるような自我の無意識の働きを何とい うか。　⓬代償（補償）

⓭防衛機制の一つで，満たされない欲求を社会的により 価値のある成果に高めて克服しようとする自我の無意識 の働きを何というか。　⓭昇華

⓮青年期の発達課題について，男女の社会的役割の獲得， 家庭形成や親からの精神的・経済的自立の準備などが求 められると論じたアメリカの心理学者は誰か。　⓮ハヴィガースト

⓯社会集団に所属することを引き延ばして，モラトリア ムの状態にとどまっている青年のことを日本人の学者が 端的に表した語を何というか。　⓯モラトリアム人 間

⓰ショーペンハウアーは，寒さしのぎに接近した2匹の動物がトゲで傷つけあう寓話で，対人関係における試行錯誤を示唆した。この状況を心理学では何というか。

⓰ヤマアラシのジレンマ

⓱アメリカの心理学者のD.カイリーが指摘した，大人になることを拒否して子どものままにとどまろうとする現代男性に見られる心理的症候群を何というか。

⓱ピーターパン・シンドローム

⓲若者文化が大人文化や既成文化に対して，副次的な側面が強いことを強調して何というか。

⓲サブ・カルチャー（下位文化）

⓳日本においての歌舞伎や人形浄瑠璃など，その国や地域で時代を超えて受け継がれてきた倫理観や美意識を現代に伝え，体感させてくれる芸能を何というか。

⓳伝統芸能

⓴アメリカの社会学者リースマンは，現代の大衆は自由で自律的だが人間的なきずなを失っていると考えた。孤立して不安感におびえる人々を何と呼んだか。

⓴孤独な群衆

ランクC

❶新たに生まれ変わるといってもよいほど大きな変化をとげる青年期を「第二の誕生」と表現した，フランスの思想家ルソーの著作は何か。

❶『エミール』

❷アメリカの文化人類学者は，南洋サモア島の青年に子どもから大人への移行期にともなう精神的混乱がないとした。性差の起源についても論じたこの女性は誰か。

❷M.ミード

❸フロイトの影響を受けて，精神分析運動の指導者となり，人間の性格を関心の向く方向から大きく二つのタイプに分類した，スイスの精神科医は誰か。

❸ユング

❹人間は，社会生活を送るなかで，社会的な欲求が生じたり，二つ以上の欲求が対立して葛藤が生じることがある。このような欲求や葛藤を何らかの形で処理し，環境や人間関係に対応していくことを何というか。

❹適応

❺価値観の多様性が論じられるようになった近年，既存の支配的・伝統的文化に対抗して若者たちによってつくられた，従来の生活文化や伝統を否定する文化を何というか。

❺カウンター・カルチャー（対抗文化）

❻公共的な空間における課題を発見し，考え，改善していくために必要とされる，自ら積極的に社会の問題にか

❻シチズンシップ

かわろうとする態度を何というか。

❼労働やボランティアなどを通じて，一人ひとりが責任を持って積極的に社会にかかわっていくことを何というか。

❼社会参加

❽すべての人は劣等感を持つものであるが，この劣等感を取り除くために，人は自分を改善しようとする。この概念を提唱したオーストリアの心理学者は誰か。

❽アドラー

❾将来にわたる自分の生き方やあり方を考え，職業・家族などの生きがいにかかわる要素の人生設計を行うことを何というか。

❾キャリアデザイン（キャリア開発）

❿「知ることを学ぶ」「為すことを学ぶ」「共に生きることを学ぶ」「人間として生きることを学ぶ」の四本柱を基調とし，終生主体的に学習に取り組むことを何というか。

❿生涯学習

⓫自分の将来の目標や，どのような暮らし方をしたいのかに基づき，それを実現するために必要な準備や費用について計画を立てることを何というか。

⓫ライフプラン

⓬アメリカの心理学者ジョセフとハリーらが提唱した，「開放の窓」「秘密の窓」「盲点の窓」「未知の窓」の四つの視点から自己分析を行う手法を何というか。

⓬ジョハリの窓

⓭現代の精神医学や臨床心理学の基礎を確立した，オーストリアの精神医学者フロイトが提唱した概念で，人間の心を支配しているとされる無意識の性の衝動を何というか。

⓭リビドー

⓮人間の能動性や目的追求的な点を強調し，成熟した人格として，自己の拡大，自己の客観視，人生哲学を持つことなどをあげたアメリカの社会心理学者は誰か。

⓮オルポート

⓯人の気質が体型に関係しているとして，やせ型（分裂気質）・肥満型（躁鬱気質）・筋骨型（粘着気質）に分類したドイツの精神科医は誰か。

⓯クレッチマー

⓰人生は各人が追求する価値により形成されるとして，人生や文化のタイプを六つに分類したドイツの哲学者・心理学者は誰か。

⓰シュプランガー

⓱自己中心的立場から離れ，他者の視点から客観的なものの見方を身につける過程をピアジェは何と呼んだか。

⓱脱中心化

【世界の思想と宗教】

▰▰ ランクA ◢

❶B.C.5世紀のアテネの哲学者で，無知の自覚から愛知の精神によって魂をより善いものにしようと説いた人物は誰か。

❷古代アテネの哲学者であるソクラテスは，自分が人間にとって一番大切なことについて知らないことを自覚していた。その意味を表す言葉は何か。

❸相手との対話により，真理に達するソクラテスが行った方法を何というか。

❹師であるソクラテスの課題を受け，普遍の真実在や国家のあり方などを説いた人物は誰か。

❺アイディアの語源で，プラトンが永遠の真実在であり，個々の事物,事象の原型・理想であるとしたものは何か。

❻古代ギリシャで，「人間はポリス的（政治的・社会的）動物である」と述べた人物は誰か。

❼正邪を一律に判断するのではなく，個々の具体的状況にあわせて，何がもっともよいことかを個別に判断（発明）すべきとする立場を何というか。

❽ユダヤ教やキリスト教，イスラーム（イスラーム教）などのように唯一の神を信仰する宗教を何というか。

❾イスラエル人の民族的宗教で，キリスト教の母胎となった宗教は何か。

❿イスラエル人を特別に選び，天や地をつくりあげた創造主であるユダヤ教の唯一神とは何か。

⓫ユダヤ教を母胎とし，西欧南部と南米のカトリック，西欧東部のギリシャ正教，西欧北西部と北米のプロテスタントと，多様化しつつ発展した宗教の総称は何か。

⓬ガリラヤ地方のナザレで成長した，キリスト教の開祖とは誰か。

⓭イスラーム（イスラーム教）の創始者は誰か。

⓮天命などの信仰箇条である「六信」と，喜捨などの信仰行為である「五行」を教義の中核にしているイスラームでは，服従するべき唯一神を何と呼ぶか。

❶ソクラテス

❷無知の知

❸問答法(助産術)

❹プラトン

❺イデア

❻アリストテレス

❼徳倫理学

❽一神教

❾ユダヤ教

❿ヤハウェ（ヤーウェ）

⓫キリスト教

⓬イエス

⓭ムハンマド（マホメット）

⓮アッラー

⑮イスラーム法（シャリーア）の規定に従い六信五行を守ることが義務付けられている，イスラーム共同体を構成する信者を何というか。　　　　　　　　　　　⑮ムスリム

⑯ユダヤ教の指導者であるモーセが，出エジプトに際してシナイ山で神から授けられた，唯一神への信仰や偶像崇拝の禁止などの道徳的戒めを何というか。　　　⑯十戒

⑰バラモン教における解脱を求める過程において体得がめざされた，宇宙の本質であるブラフマンと自己の本質であるアートマンが一体であるという境地を何というか。　⑰梵我一如

⑱ゴータマ＝シッダッタを開祖とするインドの宗教は，スリランカと東南アジアの上座部，東アジアの大衆部，チベット密教に発展した。この宗教の総称は何か。　⑱仏教

⑲不死や永遠といった得られようのないものへの執着から生じる欲望や怒りといった感情を捨て去ることによって到達できる，苦しみから解き放たれた安らかな悟りの境地を何というか。　　　　　　　　　　　⑲涅槃（ニルヴァーナ）

⑳古代インドで成立したバラモン教では，人間は生まれ変わりながら無限に生死を繰り返す輪廻の苦しみにとらわれているとされた。こうした輪廻の循環そのものから解き放たれることを何というか。　　　　　　　⑳解脱

㉑解脱し涅槃に至るための正しい行いで，修行の基本となる八つの徳目を何というか。　　　　　　　　㉑八正道

㉒仏教においては，苦しみが生じるのは人々が真理を知らないからであるとされた。こうした「真理」「法」を意味するサンスクリット語は何か。　　　　　㉒ダルマ（法）

㉓インドで成立した仏教では，中国や日本に伝播するなかでさまざまな宗派が形成された。その一つである密教の本尊とされ，宇宙の真理そのものであるとされる仏は何か。　　　　　　　　　　　　　　　㉓大日如来

㉔名は丘，字は仲尼。周王を理想として社会秩序の回復をめざし，為政者の踏み行うべき道を説いた春秋時代の思想家は誰か。　　　　　　　　　　　　　㉔孔子

㉕「学びて時にこれを習う。亦た説ばしからずや（学ぶこと自体が喜びであり人生の充実をもたらす）」など，古代中国の孔子や弟子たちの言行をまとめたものは何か。　㉕『論語』

❷❻古代中国の春秋戦国時代後期において，周王朝が衰え旧来の価値観が混乱するなかで，国家や人間のあり方を論じるさまざまな思想家があらわれた。こうした思想家をまとめて何と呼ぶか。

❷❻諸子百家

❷❼儒家の孟子が提唱した，人間は生まれつき憐れみの心を有しており，善におもむこうとする存在であるとする考え方を何というか。

❷❼性善説

❷❽孔子が重視した仁（人を愛すること）や，それが行為として形をとった礼を身に備えた人物のことを何というか。

❷❽君子

❷❾人為・作為をすて，天地全体の悠々とした運行のなかでありのままにまかせる，老子が人間の理想的なありようを形容した言葉は何か。

❷❾無為自然

⊿ランクB ▶

❶ヘレニズム時代の代表的思想家で，人生の目的は快楽で，その充足こそ幸福であるとした人物は誰か。

❶エピクロス

❷古代ギリシャにおいて，神話的解釈を排し，客観的・普遍的な解釈で万物の根本原理を探求した人々を総称して何というか。

❷自然哲学者

❸イオニアのミレトスの人で，万物の根源（アルケー）は水であると主張した自然哲学の祖とされる人物は誰か。

❸タレス

❹数学者としても知られ，万物のアルケーを数であるとした哲学者は誰か。

❹ピュタゴラス

❺万物のアルケーを火であるとし，事物の運動・変化に関心をはらった人物は誰か。

❺ヘラクレイトス

❻幸福とは自然（理性）と一致して生きることであり，動揺しない心（アパティア）を道徳の理想とした，禁欲主義を特徴とするストア派の創始者は誰か。

❻ゼノン

❼ギリシャ語で"知恵者"を意味し，B.C.5世紀ごろ，アテネを中心に政治的知識や技術を教えた職業的教師の一団を何というか。

❼ソフィスト

❽アリストテレスが，共同体で生きるうえで欠かせないものとしてとくに重視した倫理的德は何か。二つ答えよ。

❽正義，友愛

❾アリストテレスが，秩序やポリスの法を守るという観点から分類した正義を何というか。

❾全体的正義

⓾アリストテレスは，日常生活における公正の観点から分類した正義を何というか。

⓾部分的正義（公正の正義）

⓫習性的徳を成立させる原理となるもので，例えば，臆病と無謀の間としての勇気のように，両極端を避けて中間を選ぶことを何というか。

⓫中庸（メソテース）

⓬ユダヤ教（キリスト教）の聖典で，イエスの出現以前の古い契約の教えと民族の歴史をまとめたものは何か。

⓬『旧約聖書』

⓭イエスが身をもって示した神の「無償の愛」の一つで，「人にしてほしいと思うことは何でも，あなたがたも人にしなさい」という黄金律にも示されている教えは何か。

⓭隣人愛

⓮「心を尽くし，精神を尽くし，思いを尽くして，主なるあなたの神を愛せよ。」と，イエスにより述べられたこの愛は何か。

⓮神への愛

⓯砂漠でイエスの声を聞き，キリスト教に回心し，のちにローマ帝国へこの宗教を伝道した人物は誰か。

⓯パウロ

⓰キリスト教で，イエスの説く神と人間とが交わした新しい契約のことで，この宗教の聖典とは何か。

⓰『新約聖書』

⓱もともとは唯一神アッラーへの絶対的服従を意味する言葉であり，メッカの商人ムハンマドによって布教された一神教は何か。

⓱イスラーム（イスラーム教）

⓲もともとは「油を注がれたもの」を意味するヘブライ語で，ユダヤ教・キリスト教において神の国を実現する救世主を意味する存在を何というか。

⓲メシア（メサイア，キリスト）

⓳ムハンマドがアッラーから受けた啓示，戒律，祭儀に関する規定，説教などを集めた114章からなるイスラーム教の中心聖典を何というか。

⓳『クルアーン』（『コーラン』）

⓴イスラーム法に定められているムスリムの義務を総じて何というか。

⓴六信五行

㉑4～5世紀のキリスト教の教父の一人で，『告白』『神の国』などを著し，のちの西欧の思想に大きな影響を与えた人物は誰か。

㉑アウグスティヌス

㉒仏教の祖で，生死に関する本質的な苦しみを脱する方法を模索した末に悟りを開いた，インド北部の小国の王子は誰か。

㉒ゴータマ＝シッダッタ（ブッダ，仏陀，釈迦，釈尊）

❷❸仏陀が説いた，生きとし生けるものに対する親愛と憐れみの情を表す言葉は何か。 ❷❸慈悲

❷❹一切衆生の救済を目的として，おもに中国・日本など北方に伝わった仏教を何というか。 ❷❹大乗仏教（北伝仏教，マハヤーナ）

❷❺仏教において，この世界の苦しみについて，とくに生老病死（生まれること，老いること，病むこと，死ぬこと）を合わせて何というか。 ❷❺四苦

❷❻この世界の苦しみについて，愛別離苦，怨憎会苦，求不得苦，五蘊盛苦の四つを生老病死に加えた八つの苦しみを何というか。 ❷❻八苦

❷❼孔子の教えを中心とする中国の正統思想を何というか。 ❷❼儒家（儒教）

❷❽儒家と並び中国思想を代表し，人知や作為を否定してあるがままのあり方や生き方を説く学派は何か。 ❷❽道家

❷❾為政者が，仁の徳を修め，道徳と礼によって国を治めるという儒家の政治思想を何というか。 ❷❾徳治主義

❸⓪孟子の性善説の根幹をなす四端の一つで，他人の不幸を憐れむ，忍びないと思う心を何というか。 ❸⓪惻隠の心

❸①宋の時代，朱子（朱熹）が儒教に理気説を導入して形而上学に高め，日本でも室町時代から盛んになり，江戸時代には幕府の官学とされた学派は何か。 ❸①朱子学

❸②明の王陽明が陸象山の思想を継承し発展させた学問で，朱子学に対するものを何というか。 ❸②陽明学

❸③魯の隣国・鄒に生まれ，孔子の「仁」の思想を継承・発展させ，儒学を大成した人物は誰か。 ❸③孟子

❸④孔子の思想の中心で，人間愛を意味し，その根本を家族の親愛の情とする心の望ましいあり方を何というか。 ❸④仁

❸⑤孔子の中心思想である仁を行為として示す形のことを何というか。 ❸⑤礼

❸⑥春秋時代の思想家とされる道家の祖は誰か。 ❸⑥老子

❸⑦仏教における，この世は永遠不変の満足が得られない，苦しみに満ちた世界であるとする考え方を何というか。 ❸⑦一切皆苦

ランクC

❶万物のアルケーを土・水・火・空気の四つの元素であるとした人物は誰か。 ❶エンペドクレス

❷万物はかつて混然一体であったが，知性によって分離
したと主張した人物は誰か。

❸万物のアルケーを原子（アトム）であるとし，その組
み合わせや配置により，万物は形成されるとした人物は
誰か。

❹B.C.5世紀ころに活躍したソフィストで，「人間は
万物の尺度である」と相対主義を唱え，個々人の主観を
尊重した人物は誰か。

❺プロタゴラスと並ぶソフィストで，弁論術の教師とし
て真理の認識について，懐疑的な立場をとった人物は誰
か。

❻古代ギリシャの哲学者ソクラテスは「善く生きる」こ
とを重視した。人が善や正を真に知ることにより実現さ
れる，魂のすぐれたあり方をギリシャ語で何というか。

❼アリストテレスが知性的徳と区別した徳で，感情・欲
望にかかわり，行為の反復によって得られる徳を何とい
うか。

❽アリストテレスが分類した正義のうちの一つで，当事
者の能力や功績によって，財貨などを分け与えることを
何というか。

❾配分的正義に対し，各人の能力・功績などにかかわら
ず，利害や損得を平等に調和することを何というか。

❿願望がみたされなかったり，生きるうえで困難な状況
に直面した際，不安や絶望の解消を図って，神や仏といっ
た超越的な存在に祈ることで心の安らぎや希望を見出そ
うとする人間の営みを何というか。

⓫ユダヤ教で，神が民族に与えた宗教と生活のうえでの
命令を何というか。

⓬祭式信仰を重んじ，カースト制を規定した古代インド
の宗教を何というか。

⓭仏陀が示した，すべての事物はそれ自体では存在せず，
相互に依存しており（諸法無我），絶えず変化し続けて
いる（諸行無常）という考えに特徴づけられる真理を
何というか。

⓮仏教における八つの大きな苦しみの一つで，愛する人

❷アナクサゴラス

❸デモクリトス

❹プロタゴラス

❺ゴルギアス

❻アレテー

❼習性的徳（倫理
的徳）

❽配分的正義

❾矯正的正義（調
整的正義）

❿宗教

⓫律法(トーラー)

⓬バラモン教

⓭縁起の法

⓮愛別離苦

と別れる苦しみを何というか。

⑮自己の悟りを目的として，おもにミャンマー（ビルマ）・タイなど南方に伝わった仏教を何というか。

⑮小乗仏教（南方仏教，ヒナヤーナ）

⑯孔子の「礼」の思想を継承・発展させ，社会の秩序を維持するために，「仁」の外的規範である「礼」を守ることが必要であると主張したのは誰か。

⑯荀子

⑰儒家の荀子が提唱した，人間はそのまま放っておくと欲望にしたがい悪に向かってしまうため，社会のしくみによって礼を身につけ矯正すべきであるとする考え方を何というか。

⑰性悪説

⑱徳目（道徳の基準）の一つで，正しい道の実践行動や自然の理にかなうことを何というか。

⑱義

⑲是非の心（善悪の区別）を拡充し，高めていくことで到達しうる徳は何か。

⑲智

⑳戦国時代の宋の思想家で，老子の思想を継承し，万物には区別・差別などはなく，すべてがみな等しいという万物斉同を提唱した人物は誰か。

⑳荘子

㉑諸子百家の一人で名は翟，戦国時代の人。別愛（差別的な愛）を否定し，兼愛（万民平等な愛）を提唱した墨家の祖は誰か。

㉑墨子

【日本の思想と日本人の生活文化】

ランクA

❶宗教に関連する儀礼を「祭礼」というが，元旦，節分，雛祭り，彼岸，七夕，盆，大晦日など，年間の節目を形成する儀礼を総称して何というか。

❶年中行事

❷自然現象や動植物などのあらゆるものに精霊が宿り，霊魂があることを認める原始宗教にみられる精霊崇拝を何というか。

❷アニミズム

❸古代日本人が理想とした，「集団の調和を重んじ，私欲を捨て，隠すところのない純粋な心」のことを何というか。

❸清き明き心（清明心）

❹推古天皇の摂政となり，憲法十七条を制定するなど，仏教の理念に基づいた政治を行った人物は誰か。

❹厩戸王（聖徳太子）

❺仏教伝来後，仏や菩薩が日本の人々を救うために仮の

❺神仏習合

姿をとってあらわれたのが日本古来の神々であるとされた。このように，日本古来の信仰と仏教を融合させた信仰のありようを何というか。

❻見るものや聞くものに対する驚嘆の声である「ああ」「はれ」を語源とし，江戸時代の国学者の本居宣長が日本の古典文芸の本質であるとした概念は何か。

❼朱子学への批判から江戸時代に成立した，古代中国における孔子や孟子の教えへの回帰を説く，日本独自の儒学の学派は何か。

❽『風土』を著し，人間性や社会の特質を，自然環境に起因するモンスーン（東アジア）・砂漠（西アジア）・牧場（ヨーロッパ）の三つの型に分けた哲学者は誰か。

❾人間の存在は個人と社会との相互否定的な関係のなかにあるとする，和辻哲郎の人間観を何というか。

❿第二次世界大戦中の戦時研究から生まれた著書『菊と刀』で，日本は「恥の文化」であり，西洋の「罪の文化」とは異なると分析したアメリカの文化人類学者は誰か。

⓫奈良時代の日本では，東大寺の大仏をはじめ，諸国で国分寺・国分尼寺の建立がさかんに行われた。このように仏教の力で国家を守ろうとする考え方を何というか。

⓬仏教の教（教え）・行（修行）・証（悟り）のすべてが存在する正法の時代から，教・行のみが実現される像法の時代を経て，教のみが伝えられる時代が来るとされた。平安時代末期に世情不安を受けて流行した，このような考え方を何というか。

⓭平安時代中期の僧で，日本で初めて口誦念仏を実践した，浄土信仰の先駆とされる人物は誰か。

⓮平安時代中期の僧で，『往生要集』を著し，日本における浄土思想の先駆とされている人物は誰か。

⓯自力での修行を捨て，もっぱら「南無阿弥陀仏」と唱えることで極楽往生をとげようとする法然の思想を何というか。

⓰浄土宗・浄土真宗の本尊で，すべての衆生を救おうと48の誓願を立てた仏を何というか。

⓱禅宗（とくに曹洞宗）において重視される，姿勢を正

❻もののあはれ

❼古学

❽和辻哲郎

❾間柄的存在（人倫的存在）

❿R.ベネディクト

⓫鎮護国家

⓬末法思想

⓭空也

⓮源信

⓯専修念仏

⓰阿弥陀仏（阿弥陀如来）

⓱坐禅

した状態で精神統一を行う仏教の修行法を何というか。

⓲鎌倉時代に，法然が浄土信仰に基づいて開いた，念仏を唱えるだけで救済されるとする仏教の宗派は何か。　⓲浄土宗

⓳鎌倉時代に，法然の弟子の親鸞が開いた，絶対他力の考え方を徹底した仏教の宗派は何か。　⓳浄土真宗

⓴鎌倉時代に道元が開いた，坐禅によって自力での救済をめざした禅宗の宗派は何か。　⓴曹洞宗

㉑鎌倉時代に日蓮が開いた，法華経を重視して「南無妙法蓮華経」と唱えることを説くとともに，社会全体の救済を求めた仏教の宗派は何か。　㉑日蓮宗

㉒江戸幕府を開いた徳川家康に仕え，人の身分にも上下の秩序があるとする朱子学の定着を図った人物は誰か。　㉒林羅山

㉓日常生活から離れがちな朱子学の理論を批判し，儒教道徳に基づいた武士のあり方（士道）を説いた江戸時代の儒学者は誰か。　㉓山鹿素行

㉔鎖国下の江戸時代において，オランダからもたらされた天文学・地理学・医学などの実用的な分野の知識を総称して何というか。　㉔蘭学

㉕明治時代の作家・軍医で，近代的な自我と社会的立場に挟まれて葛藤する人間のありようを『舞姫』などに描いた人物は誰か。　㉕森鷗外

ランクB

❶古代日本では，神は造物主ではなく，自然のあらゆる事物に宿る八百万の神々であるとされた。こうした自然崇拝を起源として形成された，日本独自の神への信仰を広くまとめて何というか。　❶神道

❷日本神話においてイザナギノミコトが黄泉国の穢れを川の水で洗い流した故事にならい，川や海の水で身をすすぐことにより穢れを除き去る呪術を何というか。　❷禊

❸日本神話においてスサノオノミコトが祭祀を妨害した罪に対して爪やひげを切り物品を差し出した故事にならい，罪を除き去るために呪術を行うことを何というか。　❸祓い

❹外来文化の摂取者・加工者としての独立性を保った日本文化の性格を和辻哲郎は何と呼んだか。　❹重層的性格（日本文化の重層性）

❺日常生活を意味する「ケ」と対立する概念で，正月や　❺ハレ

盆のように神仏や祖先と接する非日常的な状態を何という
か。

❻法華経を中心とした一切衆生の仏性と成仏について説いた，伝教大師と呼ばれる僧侶で，高野山金剛峰寺を拠点に真言宗を広めた人物は誰か。　❻最澄

❼弘法大師と呼ばれ，最澄とともに唐にわたり，帰国後に真言宗を開いた，弘法大師と呼ばれる僧侶は誰か。　❼空海

❽鎌倉新仏教の代表者で，末法時代にふさわしい信仰を求めて旧仏教を批判し，阿弥陀仏の本願による絶対性を確信して悟りを開いたのは誰か。　❽法然

❾鎌倉新仏教の代表者で，法然の浄土宗の理念をさらに深め，単なる極楽往生を求める思想から人間罪業救済の教えにまで発展させたのは誰か。　❾親鸞

❿鎌倉新仏教の代表者で，1223 年入宋して修行。帰朝後に末法思想を批判し，自己を捨てて真理に到達できるたった一つの道として坐禅をすすめた人物は誰か。　❿道元

⓫鎌倉新仏教の代表者で，天台宗を学んだが，数ある仏典のうち法華経こそ最もすぐれていると確信し「南無妙法蓮華経」を唱えて成仏できると説いた人物は誰か。　⓫日蓮

⓬各地で踊念仏を行い，遊行上人と呼ばれた時宗の開祖は誰か。　⓬一遍

⓭古代中国の言葉や文法にのっとって古典を理解しようとする，古文辞学を提唱した江戸中期の古学派の儒学者は誰か。　⓭荻生徂徠

⓮江戸前期の儒学者で，朱子学や陽明学を批判し，『論語』や『孟子』に直接学ぼうとする古義学を提唱して，京都堀川に古義堂を開いた人物は誰か。　⓮伊藤仁斎

⓯契沖の影響を受け賀茂真淵に学んだ国学者で，『古事記』『源氏物語』などを実証的に研究することによって，古代日本人のなかに自然な人間性の理想を見いだそうとした国学の大成者は誰か。　⓯本居宣長

⓰信濃国松代の藩士で，江戸に洋式砲術と兵学の塾を開き，西洋近代思想に対し，「東洋道徳，西洋芸術」という言葉で西洋文化の変容のあり方を表記した人物は誰か。　⓰佐久間象山

⓱内村鑑三が影響を受けた札幌農学校の創設者で，帰国　⓱クラーク

に際し "Boys, be ambitious!" という有名な言葉を残した
アメリカの教育者とは誰か。

⓲ 明治時代の啓蒙思想家で，「一身独立して一国独立す」
と唱えた人物は誰か。 ⓲福沢諭吉

⓳ 専制政府を批判し，人民の抵抗権・革命権を主張。自
由民権運動の理論的指導者となり，東洋のルソーとも呼
ばれていた人物は誰か。 ⓳中江兆民

⓴ イエスの前に立つ日本人の内面として，武士道精神を
重んじた無教会主義のキリスト教徒で，日露戦争時に非
戦論を唱えた人物は誰か。 ⓴内村鑑三

㉑ 近代的な自我の確立を追求した明治の文人で，西洋的
な自己本位，個人主義から，「則天去私」という東洋的
な考えに至ったとされる人物は誰か。 ㉑夏目漱石

㉒ 『善の研究』を著し，禅の思想と西洋哲学を融合させ，
「純粋経験」を真の実在とした哲学者は誰か。 ㉒西田幾多郎

ランクC

❶ 日本人は，氏神のほかに自然現象や歴史上の人物，獣
さえも神として畏れ敬うが，多くの神々のことを総称し
て何というか。 ❶八百万神

❷ 奈良時代に稗田阿礼の暗唱した事項をもとに太安万侶
が編纂した，日本最古の歴史書とされる書物は何か。 ❷『古事記』

❸ 神仏習合思想の代表的なもので，仏が本地（本体）で
あり，民衆を教化し救うために姿を変えて現れたのが神
道の神々であるとする考えを何というか。 ❸本地垂迹説

❹ 平安時代の仏教は貴族を主体として，厳しい戒律や寄
進を要求していた。こうした仏教への批判から生まれた，
武士や農民を主対象としてわかりやすい教えや簡単な行
いによる救済を特徴とする仏教の宗派を総称して何とい
うか。 ❹鎌倉仏教

❺ 鎌倉時代，法然は念仏を唱えると極楽浄土に往生でき
ると説いた。この称名念仏で唱えられる言葉を漢字六文
字で答えよ。 ❺南無阿弥陀仏

❻ 浄土思想を基調とし，阿弥陀仏への信仰がなくとも念
仏を唱えるだけで救済されるとした鎌倉時代の仏教の宗
派は何か。 ❻時宗

❼鎌倉時代に栄西によって日本に伝えられた，師弟の問答と坐禅によって悟りをめざす禅宗の宗派は何か。

❼臨済宗

❽鎌倉時代初期の僧で，臨済宗を日本に伝え建仁寺を建立したほか，喫茶の習慣を伝えたことでも知られる人物は誰か。

❽栄西

❾室町時代に成立した演芸で，禅宗の影響を受けて幽玄の美を表現する演目の多い伝統芸能は何か。

❾能

❿日本独特の美意識の一つで，おもに能の表現などで重視される，言葉で言い尽くせない余韻など奥深さをあらわす言葉は何か。

❿幽玄

⓫安土桃山時代の茶人である千利休が茶の湯を通じて体現した概念で，禅の思想的影響に基づき，人を歓待する精神を何というか。

⓫わび

⓬江戸時代の俳人松尾芭蕉が，俳句に備わっていたユーモアを芸術性にまで昇華させた精神のあり方を何というか。

⓬さび

⓭江戸時代に成立した演芸で，規範をはみ出す「かぶき者」を語源とする庶民的な活力に満ちた伝統芸能は何か。

⓭歌舞伎

⓮江戸時代の国学者で，『万葉集』などの古典研究を通じて古代日本人の精神について考察し，本居宣長に影響を与えた人物は誰か。

⓮賀茂真淵

⓯日本民俗学の確立者で，全国各地の民間伝承や習俗・信仰の研究から日本人の精神を探究した人物は誰か。

⓯柳田国男

⓰常世の国（海の彼方にあると考えられた想像上の異郷）からときを定めて，村落に訪れ豊饒や安穏を授けて去っていく存在を何というか。

⓰まれびと

⓱『超国家主義の論理と心理』で民主主義を積極的に評価した政治思想史研究家だが，社会秩序の象徴として批判されることもある戦後日本に民主政治の確立を唱えた東京大学教授だった人物は誰か。

⓱丸山真男

⓲著書の『甘えの構造』において，日本の文化・社会の特徴を「甘え」という概念で分析した人物は誰か。

⓲土居健郎

公共的な空間における人間 --------------------------------

【功利主義と義務論】

▶ ランクA ◀

❶人間は他人のための手段となってはならないし，他人を道具として利用してもいけない。そのように人格の尊厳を説いたドイツの哲学者は誰か。

❷道徳的な価値判断の基準を人間行為の動機に求めるような考え方を何というか。

❸義務に基づく行為こそが道徳的行為であるとする，義務を重んじるカントの立場のことを何というか。

❹法と道徳の根源は「最大多数の最大幸福」であるとした，イギリス功利主義の思想家は誰か。

❺個人の幸福と社会全体の幸福との調和をはかることを目的とした思想を何というか。

❻道徳的な価値判断の基準を人間行為の結果に求めるような考え方を何というか。

❼利己的な人間であっても社会のなかで生活するのであるから，社会の問題を解決し，最大多数の人々の幸福をもたらすようにしなければならないとした趣旨のベンサムの言葉は何か。

❽19世紀のイギリスで，ある個人が他人の権利を侵害しない限り，その人の自由を国家や社会が制限できないと考え，『自由論』を著したのは誰か。

❾立場の強い者がすべてを指示し，弱い立場の者がそれに従う家父長的温情主義の考え方を何というか。

▶ ランクB ◀

❶ベンサムが快楽計算の数値を最大のものとするために必要と考えた，外からの強制のことを何というか。

❷快楽と苦痛の比較計算により幸福の量を数値化できるという考え方を何というか。

❸快楽に質的な差異のあることを認め，次元の高いものこそが人間の幸福の大きな要因になると考えたJ．S．ミルの立場を何というか。

❹人の思想や行動が制限されるのは他人に危害を与えるときだけであるという考え方を何というか。

❶カント

❷動機主義（動機説）

❸義務論

❹ベンサム

❺功利主義

❻結果主義（結果説）

❼「最大多数の最大幸福」

❽J．S．ミル

❾パターナリズム

❶制裁（サンクション）

❷量的功利主義

❸質的功利主義

❹他者危害の原則

❺第二次世界大戦中にアウシュヴィッツ強制収容所に送られ，その極限的な状況で生きた人間の精神状態を『夜と霧』に著したウィーン出身の心理学者は誰か。

❻ハンセン病療養所に勤務した精神科医で，著書『生きがいについて』において，もっとも生きがいを感じる人は使命感を持って生きている人であるとしたのは誰か。

ランクC

❶カントの唱えた自他の人格を互いに尊重しあう理想的な社会（共同体）を何というか。

❷いかに愚かに見える行動であっても，他者に危害を及ぼさない限り，それに干渉することは正当ではないという権利概念を何というか。

❸世界の根源に「我－汝」という人格同士の対面関係があるとした思想家は誰か。

❹暴走するトロッコを例として「ある人を助けるために他の人を犠牲にするのは許されるか」という考察を通じて，倫理学上の判断基準を問う問題を何というか。

【生命と環境】

ランクA

❶1997年に成立（2009年改正）した，脳死を人の死と認め，臓器を他の人の身体に移植することを可能にした法律は何か。

❷病気や事故によって失われた身体の機能を，細胞の移植により回復させる治療を何というか。

❸回復の見込みのない患者の身体的苦痛を和らげ，精神的不安を取り除こうとする治療やカウンセリングを何というか。

❹無条件に人間の生命には価値があり，尊いものであるという考え方を何というか。

❺人生や生活の本質を重点として，患者の余命のあり方や治療方法，延命治療について考える際に重視される考え方を何というか。

❻個人が尊厳死や安楽死について，あらかじめ表明しておくことを何というか。

❼医師には，病気の内容や治療法，治療上の問題点など

---

❺フランクル

❻神谷美恵子

❶「目的の国」（「目的の王国」）

❷愚行権

❸ブーバー

❹トロッコ問題（トロリー問題）

❶臓器移植法

❷再生医療

❸終末期医療（ターミナル-ケア）

❹生命の尊厳（SOL）

❺生命の質（クオリティ-オブ-ライフ，QOL）

❻リビング-ウィル

❼インフォームド

を，患者が理解できるように説明する義務がある。患者の納得と同意を得て治療を進める原則を何と呼ぶか。 ・コンセント

❽他人の権利を侵害しない限り，国家によるパターナリズム（権威的干渉）を排除して行使できるとされる個人の権利は何か。 ❽自己決定権

❾二酸化炭素やフロンの温室効果により気温が上昇する現象と問題を何というか。 ❾地球温暖化（気候変動）

❿化石燃料の消費にともなって排出され，赤外線を吸収して熱を大気圏外に放出されにくくしてしまう気体を何というか。 ❿温室効果ガス

⓫1987年に将来の環境を保全するために，節度ある開発を進めようとするもので，国連の「環境と開発に関する世界委員会（ブルントラント委員会）」が提唱し，地球サミットの基本理念となった考え方を何というか。 ⓫持続可能な開発

⓬自然環境のみならず，人間や社会にも配慮した生産と消費の倫理的あり方を何というか。 ⓬エシカル消費（倫理的消費）

⓭1987年，国連環境計画（ＵＮＥＰ）はフロンなどをオゾン層破壊物質に特定し，規制する条約を採択した。その後の先進国のフロン生産全廃に直結するこの条約は何か。 ⓭モントリオール議定書

⓮1992年，「持続可能な開発」を掲げた会議がブラジルで開かれた。世代間倫理を理念とし，多数の環境保護条約を採択したこの会議を何というか。 ⓮国連環境開発会議（地球サミット）

⓯1890年代，銅山開発による栃木県渡良瀬川流域の水質汚染が社会問題化した。日本の公害の原点であり，**田中正造**が天皇に直訴したこの事件は何か。 ⓯足尾銅山鉱毒事件

⓰1967（昭和42）年に定められ，国の公害対策が総合的に推進される契機となった，公害防止に関する施策の基本事項を定めた法律は何か（1993年失効）。 ⓰公害対策基本法

ランクB

❶1996年，イギリスで雌羊の乳せん細胞と未受精卵を用いて「ドリー」と名づけられた羊が誕生した。このような同一の遺伝子情報を有する複製生物を何と呼ぶか。 ❶クローン

❷1994年，カイロで開かれた国際人口開発会議は女性の地位向上を主題とした。女性が健康に生活し，妊娠や ❷リプロダクティブ・ヘルス／ラ

出産について自分で決めることができる権利を何というか。

❸先天性疾患の有無を確認するための手段で，胎児の遺伝子を分娩前（出生以前）に調べる検査を何というか。

❹回復の見込みのない病気で肉体的苦痛に苦しむ人に対して，苦痛からの解放を目的に，致死薬などで人為的に死を早めることを何というか。

❺終末期医療において，延命治療を行わずに迎える自然な死を何というか。

❻生きるに値する命とそうでない命があるとする思想から，優秀な子孫だけを残し，劣っているとされるものを排除するという考え方を何というか。

❼遺伝子操作によって，外見や才能など，親の望む遺伝子形質を備えさせた子どもを何というか。

❽日本において，ヒトのクローン胚を人間または動物の胎内に入れることを禁じた法律を何というか。

❾ある生物をかたちづくるのに必要な遺伝情報のすべてを何というか。

❿個々人の遺伝情報を解析し，その患者に有効とされる治療や投薬を行うタイプの医療を何というか。

⓫2006 年，京都大学の山中伸弥教授らが，成人の皮膚細胞からつくり出すことに成功した，新型の万能細胞を何というか。

⓬温暖化などの地球環境問題を考えるのに，個人的な合理的判断では限界がある。自然，世代など，地球全体を考慮した判断基準を何というか。

⓭地球は人間の活動に必要な量の資源と場所を持っているのではなく，有限で閉じられたシステムとみなす考え方を何というか。

⓮人々が自己利益に基づき行動することで，その社会全体が望ましくない状況に陥ることをアメリカの生物学者ハーディンは何と喩えたか。

イツ（性と生殖に関する健康・権利）

❸出生前診断

❹積極的安楽死

❺尊厳死（消極的安楽死）

❻優生思想

❼デザイン・ベビー（デザイナー・ベビー）

❽ヒトクローン技術規制法

❾ゲノム

❿テーラーメイド医療（個別化医療）

⓫iPS 細胞（人工多能性幹細胞）

⓬環境倫理

⓭地球全体主義

⓮共有地の悲劇（コモンズの悲劇）

❺現在を生きるものは未来世代への責任を持たなければ ❺世代間倫理
ならないという考え方を何というか。

❻人間以外の動物や植物のほか，自然そのものにも生き ❻自然の生存権
ることが認められていて，人間にはそれを守る義務があ
るという考え方を何というか。

❼1980年代のイギリスで始まった，環境に配慮した消 ❼グリーン・コン
費行動をとろうとする運動を何というか。 　シューマー運動

❽発展途上国などの一次産品などを適正価格で購入する ❽フェア・トレー
ことで，地域・国家間の経済格差の縮小を図る施策を何 　ド（公平貿易）
というか。

❾1971年，「湿地及び水鳥の保全のための国際会議」が ❾ラムサール条約
開かれ，湿原の価値を確認し保全する条約が採択された。
1980年に日本が批准したこの条約の通称は何か。

❿1973年，国連人間環境会議の勧告に基づき，「絶滅の ❿ワシントン条約
おそれのある野生動植物の国際的取引を規制する条約」
が採択された。この条約の通称は何か。

⓫温暖化による海面上昇・異常気象などを防止するため ⓫気候変動枠組み
に，地球サミットで採択された条約は何か。 　条約

⓬伝統的な食生活を再評価し，地元で生産された農産物 ⓬地産地消
をその地元で購入，消費しようとする活動や試みを何と
いうか。

⓭環境基準のうち，排出口における汚染物質の濃度を規 ⓭濃度規制
制することを何というか。

⓮環境基準のうち，汚染物質の総排出量を地域ごとに定 ⓮総量規制
め，工場ごとに排出量を抑制する方法を何というか。

⓯海洋ゴミによる海洋汚染や生態系への悪影響が国際的 ⓯マイクロ・プラ
課題となっているが，とくに5mm以下のプラスチック 　スチック
ごみを何というか。

⓰事業活動や人間の活動にともなって生じる大気汚染・ ⓰公害（典型的七
水質汚濁・土壌汚染・騒音・振動・地盤沈下・悪臭など 　公害）
により，人間の健康や生活環境に被害が生じることを何
というか。

⓱公害行政を一元化して推進するために，総理府の外局 ⓱環境省
として1971年に設置され，2001年に省に格上げされた
機関は何か。

❷❽高度経済成長期，企業の生産活動に起因する騒音や地盤沈下，産業廃棄物による悪臭や水質汚濁などの環境破壊が各地で多発した。この現象を何というか。

❷❾1970年代以降に深刻化した，主として消費過程から生じる生活排水やゴミ，自動車の排ガスなどを原因とする公害を何というか。

❸⓪2012年，地球サミットから20年ぶりにブラジルのリオデジャネイロで開催された，リオ＋20といわれる環境に関する大規模な国際会議の名称は何か。

❸①1972年にスウェーデンのストックホルムで開催された国連人間環境会議のスローガンになった語は何か。

❸②サトウキビやトウモロコシ，廃材木などを原料とした燃料を何というか。

■ランクC

❶親から子へ伝わる情報で，DNAの塩基配列情報などを通じて将来病気にかかる可能性などがわかるため，「究極の個人情報」と呼ばれることもあるものは何か。

❷臓器移植技術や再生医療技術など，医療分野に大きな影響を与えている高度な技術を何というか。

❸患者の遺伝子を編集することで，細胞の遺伝子発現を強めたり，細胞に新たな機能を持たせることで患者の遺伝子疾患の根本的な治療を行う医療を何というか。

❹冷蔵庫やエアコンの冷媒に使われているフロンにより，成層圏のある気体の層が破壊され，地表に到達する紫外線の量が増えることが問題となっている。この気体の層を何というか。

❺1962年，農薬などの化学物質が引き起こす環境汚染を警告したR.L.カーソンの代表的著作は何か。

❻国連環境計画（UNEP）を事務局として，1985年にオゾン層保護のための国際協力体制を確立する条約が採択された。この条約を何というか。

❼1989年，「有害廃棄物の国境を越える移動及びその処分の規制に関する条約」が採択された。先進国から途上国への公害の輸出を防止するこの条約を何というか。

❷❽産業公害

❷❾都市公害（都市生活型公害）

❸⓪国連持続可能な開発会議

❸①「かけがえのない地球」（Only One Earth）

❸②バイオエタノール

❶遺伝情報

❷バイオテクノロジー

❸遺伝子治療

❹オゾン層

❺『沈黙の春』

❻ウィーン条約（オゾン層保護条約）

❼バーゼル条約

❽ 1972 年，国連が環境に関する会議をストックホルムで開いた。「かけがえのない地球」を標語に掲げ，人間環境宣言を採択したこの会議を何というか。

❾ 北欧やドイツ，イタリア，イギリスで採用されている，環境に負荷を与える石油や石炭など，化石燃料を課税対象とする環境税を何というか。

❿ 空きビンなどの回収促進のため，容器代を上乗せした金額で製品を販売し，容器返却時に預かり金を払い戻すしくみを何というか。

⓫ 人間が動物を食料にしたり実験材料とすることに反対し，動物の権利を主張したオーストラリアの倫理学者ピーター＝シンガーは，動物への差別を何と表現したか。

⓬ 足尾銅山鉱毒事件で被害者とともに闘った栃木県の代議士は誰か。

⓭ 公害などの外部不経済を解決するためには，社会的費用の一部を企業に負担させる必要がある。このことを何というか。

⓮ 1970 年，臨時国会で公害関連法の 14 法が成立した。この年の国会は一般に何と呼ばれるか。

⓯ 公害対策基本法は 1970 年に改正されたが，このときに削除された条項を何というか。

⓰ 地球環境問題に関して，先進国も途上国も共通の責任があるが，問題への寄与度と解決能力においては両者に差異があるという考え方を何というか。

⓱ 航空運賃に植林費用をあらかじめ含めるなど，消費者や企業が自ら排出する二酸化炭素（CO_2）を，排出枠の購入などで相殺し，自主的に CO_2 排出の削減を進めるしくみを何というか。

⓲ 温室効果ガスの排出量から，森林などによる吸収量を差し引いて排出量を実質ゼロにすることを何というか。

⓳ 消費者が商品の環境負荷を容易に比較できるようにするため，商品の製造・流通などで，どの程度の二酸化炭素を排出しているかを表示するしくみを何というか。

⓴ 放射性物質や産業廃棄物の海洋投棄を規制するため，

❽ 国連人間環境会議

❾ 炭素税

❿ デポジット制度

⓫ 種差別

⓬ 田中正造

⓭ 汚染者負担の原則（PPP）

⓮ 公害国会

⓯ 経済調和条項（産業の発展と生活環境の調和）

⓰ 共通だが差異ある責任

⓱ カーボン・オフセット

⓲ カーボン・ニュートラル

⓳ カーボン・フット・プリント（炭素の足跡）

⓴ ロンドン条約

1972 年に採択された条約は何か。

❷通信機能を駆使することで電力の供給と需要を綿密に調整するしくみが提案されている。省エネを実現するこの高機能の電力網を何というか。

❷スマートグリッド（次世代送電網）

㉒1997 年制定の新エネルギー法において，石油代替エネルギーの促進に特に寄与するものとして，政策的支援の対象となっている風力・地熱・太陽熱・太陽光などの自然エネルギーや合成エネルギーの総称を何というか。

㉒新エネルギー（ソフト‐エネルギー）

公共的な空間における基本的原理 --------------------------------

【西洋思想の系譜】

ランクA

❶元来は古典文献研究の方法を意味したが，のちに人間性を尊重し，人間性を束縛しようとするものからの解放を唱えたルネサンス期の思想を何というか。

❶人文主義（ヒューマニズム）

❷16 世紀のはじめ，ヨーロッパで起こった一連の反ローマ教会運動を何というか。

❷宗教改革

❸スイスのジュネーヴを拠点に活動し，救済はすべて神の意志によってあらかじめ定められているとする予定説のもと，労働と蓄財を肯定的にとらえた人物は誰か。

❸カルヴァン（カルヴィン）

❹ローマ教皇を頂点とするキリスト教の旧態を批判して成立した，ルターやカルヴァンの活動に代表されるキリスト教の宗派を総称して何というか。

❹プロテスタント

❺1517 年に「95 か条の論題」を公表してカトリック教会を批判し，聖書のドイツ語訳などを行ったドイツの修道士は誰か。

❺ルター

❻キリストの使徒の筆頭であるペテロの後継者たるローマ教皇の主導のもと，正統な教会であると自認しているキリスト教の宗派は何か。

❻カトリック

❼パリの公証人の子として生まれ，フランス社会の不合理を攻撃し，カトリック教会の偽善と腐敗を得意の毒舌で痛烈に暴露したフランスの哲学者・文学者は誰か。

❼ヴォルテール

❽「再生」の意で，14 世紀ごろに北イタリアの自由都市から始まり，のちにヨーロッパに広がった古代ギリシャ・ローマの文芸復興運動を何というか。

❽ルネサンス

❾ルネサンス期のイタリアの哲学者で，人間は自由意志によって自己のあり方を決められる存在であると説いたのは誰か。

❾ピコ＝デッラ＝ミランドラ

❿感覚を主体とする経験が知識の源泉であると考える立場を何というか。

❿経験論

⓫観察した個々の事実から，普遍的な真理を見つけ出す哲学的な方法を何というか。

⓫帰納法

⓬16 ～ 17 世紀のイギリスの哲学者で，『ノヴル・オルガヌム（新機関）』を著して帰納法を提唱したのは誰か。

⓬F. ベーコン

⓭17 世紀のイギリスの哲学者フランシス＝ベーコンは，客観的な観察に基づいて個別の事例に対する知識を蓄積し普遍的法則を見出す帰納法の意義を強調した。このような思想をよく表している彼の言葉は何か。

⓭「知は力なり」

⓮感性的な体験から出発する立場を経験論というのに対し，理性による推論を重視する認識上の手法を何というか。

⓮合理論（合理主義）

⓯万人に備わる理性の力により，普遍的な真理から，個別の事実を導き出す哲学的方法を何というか。

⓯演繹法

⓰16 世紀から 17 世紀にかけてのフランスの哲学者で，『方法序説』を著して演繹法を提唱したのは誰か。

⓰デカルト

⓱西欧近世には，神から権限を与えられたと主張して専制政治を正当化する王（絶対君主）が出現した。国民の抵抗権を否定するこの考えを何というか。

⓱王権神授説

⓲自由な個人が「一定の目的のために契約して政府（国家）を樹立した」とする考えがある。王権神授説を否定し，市民革命を支えるこの理論を何というか。

⓲社会契約説

⓳17 世紀のイギリスで『リヴァイアサン』を著し，「万人の万人に対する闘争」を治めるために政府が設立されたと主張したのは誰か。

⓳ホッブズ

⓴ホッブズが社会契約説についてまとめた書物で，『旧約聖書』に出てくる巨大な怪物の名が著書名となっている著書は何か。

⓴『リヴァイアサン』

㉑自然法に基づき，人間が生まれながらに持っているとされる諸権利を何というか。

㉑自然権（基本的人権）

㉒17 世紀末のイギリスで『統治論』を著し，権力分立

㉒ロック

による議会中心の政府設立に尽力したのは誰か。

㉓ロックが社会契約説を論じた著書は何というか。　㉓『統治論』（『市民政府論』）

㉔憲法の規定に従って君主が統治権を行使する政治形態を何というか。　㉔立憲君主制

㉕国民が自ら直接に国家意思の決定と執行に参加する民主制の形態を何というか。　㉕直接民主制

㉖国家は一般意思という主権のもとに置かれるべきであると主張した，フランスの思想家は誰か。　㉖ルソー

㉗社会契約について，1762年にルソーの著した本は何か。　㉗『社会契約論』

㉘自然も社会もすべて「正⇒反⇒合」の過程において運動・発展すると説いたヘーゲルの理論を何というか。　㉘弁証法

㉙19世紀のドイツ出身の経済学者は，資本主義の矛盾を指摘し，社会主義への積極的移行を主張した。盟友エンゲルスの編集による『資本論』の筆者は誰か。　㉙マルクス

㉚政府や組合などによる，**生産手段の社会的所有**によって生産力の増大を図った経済体制を何というか。　㉚社会主義

ランクB

❶人間の矛盾を救うものとして，キリスト教の立場から謙虚に生きることを説いたフランスの数学者・物理学者・哲学者であるモラリストは誰か。　❶パスカル

❷イギリスの哲学者フランシス＝ベーコンは，人間の感情や感覚の狭さからくる偏見を何と呼んだか。　❷種族のイドラ

❸イギリスの哲学者フランシス＝ベーコンは，生活環境・教育・読書・交友などの違いから生まれる個人的な偏見を何と呼んだか。　❸洞窟のイドラ

❹イギリスの哲学者フランシス＝ベーコンは，うわさなどを事実と思いこむような言語のひずみからくる偏見を何と呼んだか。　❹市場のイドラ

❺イギリスの哲学者フランシス＝ベーコンは，過去の伝統や思想など，既存の体系的権威を盲目的に受け入れるところから生まれる偏見を何と呼んだか。　❺劇場のイドラ

❻16世紀の新旧キリスト教の対立抗争の時代にあって，人間中心主義の立場から両者の和解につとめたルネサンス期のフランスのモラリストは誰か。　❻モンテーニュ

❼人間は自己保存という本能に基づいて行動し，何の規制もない自然状態では，他人への不信や暴力が生じると述べた。このことをホッブズは何と表現したか。

❼「万人の万人に対する闘争」（「人間は人間にとって狼」）

❽ホッブズは，人々が自然状態から抜け出すために，自分の自然権の一部を放棄して，他者に譲渡する契約が必要だと考えた。この契約を何というか。

❽自然法

❾ルソーは，個人と集団が同一となる，どのような意思に基づく決定を理想としたか。

❾一般意思（一般意志）

❿マルクスとエンゲルスによって確立された，世界の歴史は，生産力や生産関係という経済の一定法則により発展するという考えを何というか。

❿唯物史観（史的唯物論）

▶ ランクC ◀

❶自然法に対置される概念で，立法機関などによって制定された法を何というか。

❶実定法

❷もともと異なる宗教的な考え方を持つ他者を許すという態度を示す概念であったが，現在では他者を受け入れる心の動きを指す語句は何か。

❷寛容

❸ルソーは，すべての人が国家の構成員かつ主権者であり，一般意思（意志）によって運営される政治を理想とした。このような考えを何というか。

❸人民主権論

❹19世紀のドイツで「世界史は自由の意識の進歩にほかならない」と主張した哲学者は誰か。

❹ヘーゲル

❺人間を，知性の側面を強調して，ホモ・サピエンスと命名したスウェーデンの生物学者は誰か。

❺リンネ

❻人間を，道具使用や工作の側面を強調して，ホモ・ファーベルと命名したフランスの哲学者は誰か。

❻ベルクソン

❼人間を，遊びから文化形成をした側面を強調して，ホモ・ルーデンスと命名したオランダの歴史学者は誰か。

❼ホイジンガ

❽人間を言葉（シンボル）をあやつる動物と定義したドイツの哲学者は誰か。

❽カッシーラー

【実存主義以降の思想】

▶ ランクA ◀

❶デンマークの思想家で，一般的な考えを超えて，神の前にただ一人で立つことが真の生き方であると説いた，

❶キルケゴール

実存主義哲学の先駆者といわれる人物は誰か。

❷ドイツの思想家で，実存主義哲学の先駆者といわれ，ヨーロッパにおけるキリスト教の道徳・文化を否定し，生への強い意志を持った人物の出現を説いたのは誰か。

❷ニーチェ

❸ドイツの実存哲学者で，20世紀の機械と技術の支配する時代において，自己のおかれている現実を自覚する存在のあり方を追究した人物は誰か。

❸ヤスパース

❹ドイツの代表的な実存主義の哲学者。人は自らが死への存在であり，自己を直視し良心に従って，自己の行き方を見いだすべきだとした人物は誰か。

❹ハイデガー

❺20世紀のフランスで，「人間は自由の刑に処せられている」と述べ，人間は自己の本質を自分自身で自由につくり出していく存在であると考えた哲学者は誰か。

❺サルトル

❻フランスの代表的な女流作家で『第二の性』で独自の女性論を展開し，女性の自立を訴えて従来までの女性観を否定して大きな反響を呼んだ人物は誰か。

❻ボーヴォワール

❼ニーチェは，キリスト教は本質的に社会的弱者の思想であり，強者への怨恨に満ちた奴隷道徳であると指摘した。このような怨恨を意味するフランス語で，ニーチェが克服すべきであると主張したものは何か。

❼ルサンチマン

❽生きる意味や目的を失った思考状態を指すラテン語で，とくにニーチェによって当時のヨーロッパ社会が陥っていると指摘された思想は何か。

❽ニヒリズム（虚無主義）

❾すべての観念の源泉は行動にあるという考え方を，パースは何と名づけたか。

❾プラグマティズム

❿民主主義の実現には，道具的理性の対極にある「コミュニケーション的理性」を用いた討議による合意が重要であると提唱したドイツの哲学者は誰か。

❿ハーバーマス

⓫援助には「潜在能力」の実現が重要と提唱し，緒方貞子と人間の安全保障委員会の共同議長を務めた，アジア初のノーベル経済学賞を受賞した経済学者は誰か。

⓫A.セン

⓬インドの経済学者センがロールズの正義論を批判するなかで提唱した，社会的基本財と機能をあわせた能力を何というか。

⓬ケイパビリティ（潜在能力）

⓭第一次世界大戦から第二次世界大戦期におけるイタリ

⓭ファシズム

アやドイツで台頭した，一党独裁体制のもと個人の人権を抑圧して独裁政治を行った全体主義思想を何というか。

⓮アメリカの政治哲学者で，「正義の第一の原理」（基本的自由に対する平等の権利）に加えて，「正義の第二の原理」（政府による再分配）を唱えたのは誰か。

⓮ J. ロールズ

⓯共同体主義の立場から，自由放任主義を批判し，善としての正義を追求しているハーバード大学教授は誰か。

⓯ M. サンデル

ランクB

❶ドイツのフランクフルトで，現代社会を哲学・文学・心理学・社会学などの諸学問が取り扱う種々の文化領域の相互連関のなかで総体的に解明しようとした学派を何というか。

❶フランクフルト学派

❷ドイツの思想家で，フランクフルト学派の一人として活躍し，否定の弁証法という概念によって現代文明の矛盾を批判し克服しようとした人物は誰か。

❷アドルノ

❸言論と行為によって他者に働きかけるコミュニケーションを活動（action）ととらえ，自己を変容させうる活動の場としての社会を公的領域と呼んだドイツ生まれのユダヤ系哲学者は誰か。

❸アーレント

❹ロールズが『正義論』において，職務と地位とは，公正に平等な機会がすべての人に開かれていなければいけないと主張した正義の原理は何か。

❹機会の公正な平等原理

❺ロックやアダム＝スミスらの立場で，社会的な「正しさ」の基準を個人の権利・自由に求め，社会のあらゆる領域で個人の自由な活動を重んじる思想を何というか。

❺古典的リベラリズム（自由主義）

❻「最小国家」を唱える哲学者のノージックらの立場で，福祉国家を批判し，社会的な「正しさ」の基準を個人の自由の徹底的な尊重に求め，他者の自由を侵害しない限り，個人の自由を最大限に尊重すべきとして国家の介入を徹底的に批判する思想を何というか。

❻リバタリアニズム（自由至上主義的リベラリズム）

❼共同体から切り離された自己（個人）はないとして，「共通善」の優位を唱えたサンデルやマッキンタイアらの思想的立場を何というか。

❼コミュニタリアニズム（共同体主義）

❽功利主義を批判し，社会契約説を現代的に解釈した『正義論』の著者ロールズらの立場で，自由主義を前提とし

❽現代リベラリズム（平等主義的

つつも平等への配慮を求め，国家による再分配政策を主
張する思想を何というか。

❾ロールズの『正義論』について，競争によって生じる
格差は，社会のもっとも不遇な人々の生活を改善するこ
とにつながるものであるべきという正義の原理は何か。

❿刑事事件で逮捕された被疑者に対し，弁護士が初回に
限って無料で面会に行く制度で，日弁連が提唱・設置し
た制度を何というか。

自由主義）

❾格差原理

❿当番弁護士制度

ランクC

❶19世紀，ヨーロッパに起こった思想で，個々の人間
が自由で自立的に生きることが目的であり，個人の主体
性や個性を重視した思想を何というか。

❷人生のあるがままの姿を愛し，苦痛を乗り越える存在
で，キリスト教の神にかわる理想の人間像を何というか。

❸サルトルは，人間は自己拘束でもある選択を必ず迫ら
れると考えた。全責任を引き受ける覚悟で，積極的に社
会参加していく選択を何と表現したか。

❹問題を解決し，習慣を改善する知性を創造的知性とし
て重視し，学校における問題解決学習の意義を説いた人
物は誰か。

❺現代フランスの社会人類学者で構造主義の祖と呼ばれ
る，未開社会の思考に体系性を発見した人物は誰か。

❻現代社会において「人間の死」を唱え，人間中心主義
の断念や反ヒューマニズムの立場に立つことによって近
代理性の権力性を批判したフランスの哲学者は誰か。

❼フランスの哲学者フーコーは，権力による社会の管理，
統制システムの概念をベンサムの考案した刑務所施設に
ちなんで何といったか。

❽『時間と他者』などを著し，他者の異質性を重視する
独自の哲学を説いたリトアニア出身のフランス人哲学者
はだれか。

❾ヒンドゥーのサティーヤーグラハ（真理把持）を原則
に，アヒンサ（不殺生）を発展させた非暴力・不服従運
動でイギリスからのインド独立運動を指導した人物は誰
か。

❶実存主義

❷超人

❸アンガージュマ
ン

❹デューイ

❺レヴィ＝スト
ロース

❻フーコー

❼パノプティコン

❽レヴィナス

❾ガンディー

❿近代科学の自然支配を反省し，アフリカのランバレネ
でキリスト教の伝道と医療に従事して，ノーベル平和賞
を受賞したドイツ出身のフランス人は誰か。

⓫インドを中心に「孤児の家」「ハンセン病患者の家」「死
を待つ人の家」等の施設を運営したマケドニア出身の人
物で，神の愛を説きながら奉仕活動を続け，ノーベル平
和賞を受賞した人物は誰か。

⓬国家は「最小国家」であるべきだと主張し，格差原理
を否定したアメリカ出身の法哲学者は誰か。

⓭コミュニタリアニズムの立場にあり，善い人生には伝
統的秩序における「物語」が必要であるとした人物は誰
か。

❿シュバイツァー

⓫マザー＝テレサ

⓬ノージック

⓭マッキンタイア

2 基本的人権の尊重と法

法の原理と役割

ランクA

❶個人間，個人と集団，集団相互のさまざまな利害や意見を調整したり統合したりして，社会全体の均衡・秩序を形成・維持するための機能ないし作用を何というか。

❷政治がその役割を果たすために，集団内部の構成員の行動を強制的にコントロールする力を何というか。

❸権力の濫用を防ぐため，憲法に基づいて政治を行うという考え方を何というか。

❹アメリカ合衆国は，立法・行政・司法を別々の機関が担当し，権力の「抑制と均衡」を図っている。モンテスキューの『法の精神』に由来するこのしくみを何というか。

❺著書『法の精神』において，国家権力を立法・行政・司法の三権に分け，相互間の抑制と均衡（**チェック・アンド・バランス**）により権力の濫用が阻止されると説いたのは誰か。

❻三権分立などの政治理論を説いたモンテスキューの主著（1748年刊行）は何か。

❼ドイツの法学者イェネリックは，国家権力による強制と結びついた社会規範の総称を「最小限の道徳」と定義した。それは何か。

❽中世のイギリスにおいて，国民だけではなく国家権力（国王）も，法によって拘束されるという考えが確立された。この原理を「人の支配」に対して何というか。

❾1215年，イギリスのジョン王は，貴族の要求に屈して王権の制限を認めた。この勅許状を何というか。

❿人間は，共同体のなかで育んだ行動様式や心的構造を自制心の根源とする。良心として自覚されるこの基準を何というか。

❶政治

❷権力（政治権力）

❸立憲主義

❹権力分立（三権分立）

❺モンテスキュー

❻『法の精神』

❼法

❽法の支配

❾マグナ・カルタ（大憲章）

❿道徳

⓫1889 年，伊藤博文や井上毅らが，**君主権**の強いプロイセン憲法を参考にして制定した憲法は何か。

⓬君主主権の権利に基づき，君主の権利と意思で制定された憲法を何というか。

⓭明治憲法下において，天皇が帝国議会の参与なしに自由に行使できる権限を何というか。

⓮1945 年 7 月，連合軍は米・英・中の名で，日本の無条件降伏や戦後処理を示した。この宣言を何というか。

⓯明治憲法下における天皇のように，対外的に国を代表する資格をもつ国家機関のことを何というか。

⓰第二次世界大戦後，マッカーサーを最高司令官として，日本の占領政策を推進するために連合国が設置した機関を何というか。

⓱日本の降伏後，ＧＨＱ（連合国軍最高司令官総司令部）の最高司令官として日本に赴任したアメリカ軍人は誰か。

⓲ＧＨＱ草案をもとに，第 90 回帝国議会で審議され，修正・可決されて成立した国の最高法規を何というか。

⓳主権者である国民が，直接に，あるいは代表者を通じて制定する憲法を何というか。

⓴憲法第 1 条に定められている，戦後の天皇制を一般に何というか。

ランクB

❶1789 年にフランスの国民議会が採択した「**人及び市民の権利宣言**」の通称は何か。

❷日本国憲法第 98 条は，憲法を国の最高法規であると宣言する一方，締結した条約などの遵守を定めている。憲法とその他の条約等が対立した場合には，どちらが優先されることになるか。

❸17 世紀前半，絶対王政との抗争のなかで，国王に対しても法の優位を説き，「法の支配」の確立に努めたイギリスの裁判官は誰か。

❹「国王はいかなる人の下にも立たないが，神と法の下にある」という言葉がエドワード＝コークによって引用された，13 世紀イギリスの法学者は誰か。

❺国家権力の行使はすべて法に基づいて行わなければな

⓫大日本帝国憲法（明治憲法）

⓬欽定憲法

⓭天皇大権

⓮ポツダム宣言

⓯元首

⓰連合国軍最高司令官総司令部（ＧＨＱ）

⓱マッカーサー

⓲日本国憲法

⓳民定憲法

⓴象徴天皇制

❶フランス人権宣言（人権宣言）

❷憲法

❸エドワード＝コーク（クック）

❹ブラクトン

❺法治主義

36

らないという考え方を何というか。

❻19世紀前半，イギリスで成年男子普通選挙権獲得をめざして行われた，労働者階級の大衆的な政治・経済改革運動を何というか。

❻チャーチスト運動

❼臣民の権利は，「法律ノ範囲内ニ於テ」などの表現によって条件つきで認められた。このような制限のことを何というか。

❼法律の留保

❽天皇中心の立憲国家をめざした当時の政府が模範とした，君主権力の強いヨーロッパの国の憲法は何か。

❽プロイセン憲法

❾明治憲法下において規定されていた「天皇大権」のうち，軍の最高指揮権を何というか。

❾統帥権

❿1925年，普通選挙法と同時に制定された，天皇制や私有財産制を否定する政治活動や組織の取り締まりを目的とした法律は何か。

❿治安維持法

⓫明治憲法下において，天皇がもつ立法権の行使に対する協賛機関と位置づけられていたのは何か。

⓫帝国議会

⓬明治憲法下において，天皇がもつ行政権の行使に対する輔弼機関と位置づけられていたのは何か。

⓬内閣

⓭マッカーサーが憲法改正の基本方針として示した，天皇制の存続，戦争の放棄および軍備の撤廃，封建的諸制度の廃止という三つの原則を総称して何というか。

⓭マッカーサー三原則

⓮一般の法律と同じ手続きで改正できる軟性憲法に対して，改正に厳しい手続きが必要な憲法を何というか。

⓮硬性憲法

⓯明治憲法下において，天皇が国民に恩恵として与えた権利を何というか。

⓯臣民の権利

▶ランクC◀

❶1642年，イギリス国王チャールズ1世と議会の対立からはじまり，1649年の王の処刑に終わる内乱を何というか。

❶ピューリタン革命(清教徒革命)

❷1689年，新国王ウィリアム3世は議会の同意なしに法律の制定や課税ができないことを明文化した。権利請願をもとに，人権を規定したこの法律を何というか。

❷権利章典

❸1776年7月4日，アメリカでジェファーソンにより起草された「すべての人は平等につくられている」との宣言は何か。

❸アメリカ独立宣言

❹吉野作造によって唱えられた，天皇主権を前提としつつ民衆の利益幸福を実現するために，民衆の意向によって政策決定を行うべきであるとする思想を何というか。

❺階級闘争的な社会観に反対し，天皇主権内での民衆の政治参加を主張した大正デモクラシーの指導者は誰か。

❻1776年，自然権がはじめて成文化された。「すべて人は生来ひとしく自由かつ独立しており，一定の生来の権利を有する」と宣言するアメリカの文書は何か。

❼天皇機関説を説き，吉野作造とともに大正デモクラシーを指導した人物はだれか。

❽1946年に憲法問題調査委員会から出された憲法改正案で，天皇主権を温存する非民主的な内容であったため，ＧＨＱによって拒否された改正案の通称を何というか。

❾明治憲法下における天皇のように，国民や国土を支配する権限を一手に握っていることを何というか。

❿制度上は立憲主義の形をとりながら，実際にはそれを否定するような政治の形態を何というか。

⓫ＧＨＱ草案はマッカーサー三原則(マッカーサーノート)に基づいて作成された。その原則は，天皇制の存続，封建的諸制度の廃止のほかに何があるか。

⓬ＧＨＱの憲法改正案として示されたマッカーサー三原則とは何か。すべて答えよ。

⓭ＧＨＱは多様な民間の憲法草案を参考にした。国民権の私案を作成した，高野岩三郎主宰の組織は何か。

⓮幣原喜重郎内閣は，松本烝治国務大臣に憲法改正の作業を委ねた。松本を委員長とし，国体護持を最優先する草案をまとめた政治機関を何というか。

❹民本主義

❺吉野作造

❻バージニア権利章典

❼美濃部達吉

❽松本案

❾総攬

❿外見的立憲主義

⓫戦争放棄（平和主義)

⓬天皇制の存続，戦争放棄，封建的諸制度の廃止

⓭憲法研究会

⓮憲法問題調査委員会

人権の尊重と日本国憲法

【日本国憲法と基本的人権の尊重】

ランクＡ

❶日本国憲法の三大原則を答えよ。

❶基本的人権の尊重，国民主権，平和主義

❷日本国憲法では**基本的人権**を自然権に基づき，どのように規定しているか。第 11 条及び第 97 条に共通する一句で答えよ。

❷侵すことのできない永久の権利

❸憲法第 11・12・13 条によって，保障されているものは何か。

❸人権保障

❹憲法は日本の法体系のなかでどのような地位にあるか。

❹最高法規

❺人権相互の矛盾や衝突を調整するための原理で，他者の人権を侵害するような個人の権利については制約するという考え方を何というか。

❺公共の福祉

❻日本国憲法に規定される**国民の義務**を三つ答えよ。

❻勤労の義務，普通教育を受けさせる義務，納税の義務

❼日本国憲法前文を受けて，第 9 条に具体化されている**平和主義**の三つの要素（原則）は何か。

❼戦争の放棄，交戦権の否認，戦力不保持

❽ 1951 年にアメリカのサンフランシスコで日本と連合国との間に締結され，日本が独立を回復，国際社会への復帰を果たすことになった条約を何というか。

❽サンフランシスコ平和（講和）条約

❾軍事に対する最高指揮監督権が文民に属するという民主主義国家の制度を何というか。

❾シビリアン・コントロール（文民統制）

ランクB

❶憲法第 7 条において示された天皇の国事行為に際して必要なことは何か。

❶内閣の助言と承認

❷天皇は国政に関する権能を有せず，「**内閣の助言と承認**」に基づいて法律の公布，国会の召集，衆議院の解散などを行う。これらの儀礼的な行為を何というか。

❷国事行為

❸日本国憲法前文に定められる「全世界の国民が，ひとしく恐怖と欠乏から免かれ，平和のうちに生存する権利」を何というか。

❸平和的生存権

❹ 1950 年，北朝鮮（朝鮮民主主義人民共和国）が韓国（大韓民国）に侵入して戦争が始まった。1953 年に休戦協定が結ばれたこの戦争は何か。

❹朝鮮戦争

❺朝鮮戦争開始後，GHQ の政令によって，日本本土の

❺警察予備隊

治安維持を目的として創設された，自衛隊の前身である組織は何か。

❻サンフランシスコ講和条約と同時に，日本とアメリカの間で，防衛に関して締結された条約を何というか。

❼1954年に創設された，陸・海・空の三隊からなり，内閣総理大臣が最高指揮監督権を有するこの組織は何か。

❽相手からの武力攻撃を受けたときに，はじめて防衛力を行使するという，受動的な防衛戦略を何というか。

❾1973年，札幌地裁は地対空ミサイル基地建設と保安林の指定解除をめぐる裁判で自衛隊を違憲としたが，高裁，最高裁で判決が取り消されるなどしたこの裁判は何か。

❿集団的自衛権の限定的な行使容認を受け，2015年に成立した平和安全法制整備法と国際平和支援法で構成される国の安全保障にかかわる法制度を総称して何というか。

❻日米安全保障条約

❼自衛隊

❽専守防衛

❾長沼ナイキ基地訴訟

❿安全保障関連法

■ランクC■

❶日本が防衛力増強の義務を負い，自衛隊発足のきっかけとなった，1954年の日米間の協定の名称は何か。

❷2013年末に設置された組織で，内閣総理大臣や防衛大臣のほか数名の国務大臣で構成され，国防に関する重要事項を決定する機関を何というか。

❶日米相互防衛援助協定（MSA協定）

❷国家安全保障会議（NSC）

【平等権と自由権】

■ランクA■

❶憲法第13条に定められている，「公共の福祉に反しない限り，立法その他の国政の上で最大」と尊重されるのは何か。

❷薬事法第6条の薬局開設の許可基準にある距離制限が，憲法第22条に定める職業選択の自由に反するとして争われ，1975年に最高裁が違憲判決を下した訴訟を何というか。

❸その個性，属性の違いを無視して，個々の人々を一律に扱うという平等観を何というか。

❶個人の尊重

❷薬事法薬局開設距離制限違憲訴訟（薬事法違憲訴訟，薬局開設距離制限訴訟）

❸形式的平等

❹不利な状況にある人間を有利に扱うことで，差別を是正しようとする平等観を何というか。

❹実質的平等

❺表面上は差別に見えない制度や慣習が，実質的な差別を生みだしたり，差別するために利用されることを何というか。

❺間接差別

❻憲法第14条で，国民は「人種，信条，性別，社会的身分又は門地により，政治的，経済的又は社会的関係において，差別されない」と規定される権利は何か。

❻平等権（法の下の平等）

❼17〜18世紀の欧米の市民革命後に確立された，国家権力による不当かつ違法な介入・干渉を排除して（国家からの自由），各人の自由・生命・財産の保障を主張する基本的人権を何というか。

❼自由権（自由権的基本権）

❽憲法第13条は，「公共の福祉に反しない限り」と留保したうえで，国民の権利を最大に尊重するとしている。列挙されているのは生命，自由の他に何があるか。

❽幸福追求

❾人間が生まれながらに持つ権利で，いかなる権力であっても侵すことができない権利は何か。

❾基本的人権（人権，基本権）

❿生物としての男女の違い（セックス）ではなく，社会的・歴史的・文化的につくられ，固定化される性差を何というか。

❿ジェンダー

⓫人種・出身国（地域）・性別等を理由とする差別を受けてきた少数者の社会的地位向上のために積極的に優遇措置をとることを何というか。

⓫アファーマティブ・アクション（積極的差別是正措置，ポジティブ・アクション）

⓬本人の意思に反し，または不当に身体の拘束を受けない国民の権利を何というか。

⓬人身の自由（身体の自由）

⓭憲法第31条および第39条などで規定されている，犯罪とされる行為やこれに対する刑罰は，あらかじめ法律や条例で定められなければならないとする原則を何というか。

⓭罪刑法定主義

⓮自由権的基本権は，具体的に三つに分類できる。何についての自由が保障されているか，すべて答えよ。

⓮精神の自由，人身の自由，経済の自由

❺日本国憲法第20条や第89条に規定されている，国家権力はいかなる宗教活動に対しても支援や関与をしてはならないという原則は何か。	❺政教分離の原則
❻憲法第21条に規定される，言論・出版・集会の自由など，個人の思想や世論を形成するうえで欠かせない自由を何というか。	❻表現の自由
❼表現の自由を制約するときの基準の一つで，自由の放任により現実に差し迫った危険の生じる可能性のある場合にはやむを得ないとする考え方を何というか。	❼明白かつ現在の危険の原則
❽自由権的基本権を三つに分けたうちの一つで，「居住・移転，職業選択の自由」と「財産権の保障」からなる自由を何というか。	❽経済活動の自由（経済の自由）
❾知的財産権の1つで，発明者を実施する権利を与え保護するものを何というか。	❾特許権
❿発明・デザイン・著作などの知的形成物に関する権利で，その表現や技術などの所有権・財産権を守るための権利を何というか。具体的には特許権・商標権・著作権などをさす。	❿知的財産権（知的所有権）

ランクB

❶1979年に国連総会で採決（81年発効）され，1985年に日本が批准した，男女の定型化された役割分担に基づく差別を見直す条約は何か。	❶女性差別撤廃条約（女子差別撤廃条約）
❷1985年に成立した，男女平等の募集・採用・配置・昇進をめざして制定された法律は何か。	❷男女雇用機会均等法
❸1999年，男女の平等を目標として95年の北京会議を反映して施行された，男女が協力して社会活動に参加することをうながす法律は何か。	❸男女共同参画社会基本法
❹1993年に成立し，2011年に大幅な改正が行われた，障害を理由とした差別の禁止，社会的障壁の除去が規定された法律は何か。	❹障害者基本法
❺1997年，アイヌの民族性を認め，その文化振興を推進する法律が制定された。北海道旧土人保護法に代わるこの法律の通称は何か。	❺アイヌ文化振興法
❻被疑者（容疑者）や被告人が，自己に不利益な供述を強要されない権利を何というか。	❻黙秘権

❼逮捕・抑留・拘禁された後に，無実が立証されること
がある。無実の人が罪に問われることを何というか。

❼冤罪

❽憲法第18条で保障されている，人格を無視した拘束
や，意思に反する労役からの自由を何というか。

❽奴隷的拘束及び
苦役からの自由

❾裁判による有罪の確定まで，被疑者・被告人は無罪の
推定を受けるという立場から，刑事裁判の鉄則とされて
いる言葉は何か。

❾疑わしきは被告
人の利益に

❿三重県のある市が，体育館起工式の宗教的行為に公金
を支出したことが裁判で争われ，最高裁で合憲の判決が
下された。政教分離の原則に関するこの訴訟を何という
か。

❿津地鎮祭訴訟

⓫1997年，最高裁は愛媛県の靖国神社に対する公金の
支出を憲法違反と判断した。政教分離の原則に関するこ
の訴訟を何というか。

⓫愛媛玉串料訴訟
（愛媛県玉ぐし
料訴訟）

⓬高校の教科書「新日本史」が，文部省（当時）の教科
書検定で不合格とされたことから1965年に提訴，教科
書検定制度をめぐって32年間争われた裁判は何か。

⓬家永訴訟（教科
書裁判）

⓭憲法第37条に基づいて，刑事事件の被告人に対して
は公費でつけられる弁護人の通称を何というか。

⓭国選弁護人

⓮その行為を罰する法律がなかった場合，事後に制定さ
れた法律でその行為を罰してはならないとする原則を何
というか。

⓮遡及処罰の禁止
（事後法の禁止）

⓯刑の確定後に新たな証拠がでても，同一事件について
同じ罪状で再び裁判を行ってはならないとする原則は何
か。

⓯一事不再理

⓰憲法第39条に定める，同一の犯罪について，重ねて
刑事上の責任を問われないという原則を何というか。

⓰二重処罰の禁止
（二重刑罰の禁
止）

⓱被疑者や被告人は，逮捕直後を除いて拘置所に収容さ
れるが，日本では警察の留置場に収容され続けることが
多い。冤罪の温床となると指摘されるこの措置を何とい
うか。

⓱代用監獄

⓲表現の自由を保障するために禁止されている行為で，
家永教科書訴訟事件の際に教科書検定がこれにあたると
された行為は何か。

⓲検閲

❶表現の自由（**憲法第21条**）には，**情報を伝える自由**の他，憲法には直接明記はないものの，この他にいくつかの権利・自由を含んでいるとされる。この権利・自由を三つ答えよ。

❷共有林の分割をめぐって争われ，最高裁が違憲判決を下した訴訟事件は何か。

㉑刑法200条の極端な刑罰加重が争点となり，最高裁が法律を違憲とした判決の名称は何か。

㉒精神的自由の優越的地位を根拠とする理論で，精神的自由を制約する立法に対する審査は，経済的自由を制約する立法よりも，より厳格な違憲審査の基準を用いて行われるべきであるという理論を何というか。

ランクC

❶一定数の管理職ポストを女性に割り当てるといった制度を何というか。

❷性的指向（自分が好む・好まない性別）と性自認（自己の性別認識）を示す語句をアルファベット略称で答えよ。

❸融和主義的な部落改善運動ではなく，被差別部落の人々が自ら差別の解消を求めて，1922年に創立した組織を何というか。

❹1965年に総理府（現内閣府）が部落差別を解消すべきことを強く提唱し，「行政の責任と国民的課題」を明確にした文書は何か。

❺2019年にはじめてアイヌを「先住民族」と明記した，アイヌ文化振興法に変わる法律は何か。

❻1983年，熊本地裁で再審が行われ，死刑囚に対してはじめて無罪の判決が下された。この事件は何か。

❼特定の民族や国籍の人々に対する差別的言動の解消を目的に，2016年に日本で制定された法律は何か。

❽原告が大学在学中に学生運動に関係していたことを理由に本採用を拒否されたため，憲法第14条・第19条に定める自由権的基本権が争われた訴訟事件は何か。

❾D.ロレンスの小説の翻訳・出版をめぐり，わいせつ

---

❶取材の自由，知る権利，報道の自由

❷森林法共有林分割制限（規定）違憲訴訟

㉑尊属殺人重罰規定違憲判決

㉒二重の基準論

❶クォーター制

❷SOGI（ソギ，ソジ）

❸全国水平社

❹同和対策審議会答申

❺アイヌ民族支援法

❻免田事件

❼ヘイトスピーチ対策法

❽三菱樹脂訴訟

❾チャタレー事件

文書の規制と表現の自由が争われた訴訟事件は何か。

❿学内の演劇発表会での私服警官の行為が，学問の自由と大学の自治の侵害にあたるか否かが争われた訴訟事件を何というか。

❿東大ポポロ事件

⓫戦後，死刑判決の確定後，再審によって無罪が確定した事件を四つあげよ。

⓫財田川事件，免田事件，島田事件，松山事件

⓬最高裁は刑罰としての死刑そのものは憲法第36条で禁じられている行為には該当しないとした。第36条で禁じられているのは何か。

⓬残虐な刑罰

⓭1628年，イギリスのE. コーク（**クック**）らは，議会議決をもとに国王ジェームズ1世に人権の尊重を再確認させた。この文書は何か。

⓭権利請願

【社会権と参政権】

▰ランクA ▰

❶社会政策や経済政策の実施により，積極的に社会保障制度が整備され，国民生活が保障される国家を何というか。

❶福祉国家（社会国家，積極国家）

❷1919年，生存権をはじめて規定して，社会保障制度の理念を明らかにしたドイツ共和国の憲法は何か。

❷ワイマール憲法

❸ワイマール憲法ではじめて保障され，日本国憲法第25条の「健康で文化的な最低限度の生活を営む」に継承された権利を何というか。

❸生存権

❹朝日訴訟や堀木訴訟などにおいて問題となった，憲法上の規定は政策の指針を示すもので法的拘束力を持たないとする考え方を何というか。

❹プログラム規定説

❺憲法第27条で，「勤労条件に関する基準は，法律でこれを定める」と規定している権利は何か。

❺勤労の権利（勤労権）

❻1947年に施行された，労働条件の統一的な最低基準を規定する法律は何か。

❻労働基準法

❼勤労の権利と労働三権をあわせて何というか。

❼労働基本権

❽憲法第28条に規定されている**団結権，団体交渉権，団体行動権**を総称して何というか。

❽労働三権

❾労働三権のうち，労働組合を結成する権利を何というか。

❾団結権

❿労働者が，賃金や労働時間などの労働条件の改善について使用者と交渉する権利を何というか。

⓫団体交渉が決裂した際などに，労働者がストライキ(同盟罷業) を行う権利を何というか。

⓬2007 年に労働環境の改善のため，厚生労働省が策定した，誰もが働きやすい職場とするための憲章のなかの，「仕事と生活の調和」を実現する理念を何というか。

⓭憲法第 26 条で「能力に応じて，ひとしく」保障されている子女の保護者には義務でもあるこの権利は何か。

⓮1947 年，教育の基本理念を示し，機会均等，義務教育などを規定する法律が制定された。2006 年に改定され，理念が大きく変質したこの法律は何か。

⓯国民が国の政治に対して意志を表明することができる権利は，憲法第 15 条や公職選挙法などにより具体化されているこの権利は何か。

⓰投票や立候補に年齢以外の制限を設けない選挙制度で，制限選挙を否定するこのしくみを何というか。

⓱無記名投票など，有権者が誰に投票したのかがわからないように行われる選挙を何というか。

⓲日本国憲法に規定される**直接参政権**を三つ答えよ。

⓳日本国憲法第 95 条に規定される，地方自治の本旨である「住民自治」に則った，特定の地方自治体のみに適用される直接参政権を何というか。

⓴国民は，衆議院議員総選挙の際に最高裁判所の裁判官を罷免することができる。憲法第 79 条に規定される，この制度を何というか。

㉑日本国憲法に規定のある直接民主制のうち，第 79 条に規定される直接参政権は何か。

㉒2007 年に制定された，日本国憲法改正について国会の発議に基づいて国民が投票を行うための具体的な手続

---

❿団体交渉権

⓫団体行動権（争議権）

⓬ワーク・ライフ・バランス（ＷＬＢ）

⓭教育を受ける権利（教育への権利）

⓮教育基本法

⓯参政権（選挙権）

⓰普通選挙

⓱秘密選挙

⓲憲法改正の国民投票権・最高裁判所裁判官の国民審査・地方特別法の住民投票

⓳地方自治特別法

⓴国民審査

㉑最高裁判所裁判官の国民審査権

㉒国民投票法

きを定めた法律を何というか。

㉓日本国憲法 96 条で定められている，憲法について国民みずからが意志表示できる権利は何か。

㉓憲法改正の国民投票権

ランクB

❶**生存権**とは何か。憲法条文中の一句で答えよ。

❶健康で文化的な最低限度の生活を営む権利

❷税を財源とし，高齢者・障がい者・児童などの社会的弱者を対象とする行政サービスを何というか。

❷社会福祉

❸疾病・出産・老齢・失業などにより，経済的困難に陥った場合，国や地方自治体が一定の保障を行い，国民生活を安定させる制度を何というか。

❸社会保障

❹生存権を保障する政策として，保健所は，感染症や生活習慣病を防ぎ，快適な生活環境を確保するために営まれる組織的な活動を何というか。

❹公衆衛生

❺1985 年，ユネスコが人間としての発達過程において不可欠と宣言した権利を何というか。この権利をめぐっては，旭川学力テスト事件で争われてきた。

❺学習権

❻憲法第 26 条は義務教育の無償を規定しているが，政策的に無償となっている範囲は何か。

❻授業料と教科書代

❼**公務員**は労働基本権のうち**争議権**が制限されているため，給与勧告等について代償措置がとられている。この代償措置を何というか。

❼人事院勧告

❽2000 年，障がい者や高齢者などが移動しやすくなるための法律が施行された。駅やバスなどのバリアフリー化を推進したこの法律は何か。

❽交通バリアフリー法

❾障害者基本法の理念に則り，障がい者が尊厳のある存在として尊重され，地域で安心して暮らせる社会の実現を目指して制定された法律は何か。2012 年の改正名称で答えよ。

❾障害者総合支援法

❿虐待や放置（ネグレクト），体罰など子どもへの人権侵害を防止するため，2000 年に制定された法律は何か。

❿児童虐待防止法

⓫請願権や国家賠償請求権など，国民が基本的人権を確保するために，国家に対して行使できる権利を総称して何というか。

⓫国務請求権（受益権）

⓬日本国憲法第16条は，国民が国家に政治的要求を直接訴える権利を保障している。参政権を補完するこの権利を何というか。

⓬請願権

⓭憲法第32条は裁判所における裁判を保障し，第37条は刑事事件における公平な裁判所の迅速な公開裁判を保障している。これらの権利を何というか。

⓭裁判を受ける権利（裁判請求権）

⓮憲法第40条で保障されている，刑事事件で無罪の判決を受けた人が国に対して補償を求める権利を何というか。

⓮刑事補償請求権

⓯憲法第17条は，公務員の不法行為により損害を被った国民に，賠償を求める権利を保障している。国または自治体に対して行使されるこの権利を何というか。

⓯国家賠償請求権（損害賠償請求権）

⓰一人の女性が一生の間に産む子どもの数は，15歳から49歳までの各年齢の出生率から推計するが，この数値の名称を何というか。

⓰合計特殊出生率

⓱国家および地方公務員などを対象に，医療保険や年金保険を管理・運営する組織は何か。

⓱共済組合

⓲租税負担率に社会保障負担率を加えたものを何というか。

⓲国民負担率

⓳1942年，チャーチルの委託によって提出された社会保障や関連事業に関する報告書が，戦後イギリスの社会保障制度の原形となった。これを人名に由来して何というか。

⓳ベバリッジ報告

⓴ベバリッジ報告は，労働党政権によって具体化されたが，用いられた標語はどのようなものか。

⓴ゆりかごから墓場まで

㉑1874年，日本で制定された貧民救済のための法律を何というか。

㉑恤救規則

■ランクC

❶1957年，結核の入院患者が，生活保護の給付水準が生存権を満たしていないとして，厚生省を相手どって争った裁判は何か。

❶朝日訴訟

❷1601年にイギリスで成立した，富裕者から徴収した救貧税により困窮者の生活を救済するための法律は何か。

❷エリザベス救貧法

❸1944年のILO総会で採択された「保護を必要とす

❸フィラデルフィ

48

るすべての者に最低の所得と医療を与えるよう社会保障措置を拡張すべきこと」を謳った宣言を何というか。

ア宣言

❹75歳以上の高齢者の医療や保健事業を定めた，高齢者に一定の自己負担を求めた1982年制定の法律は何か。

❹老人保健法

❺労働三権が全て適用されるのは，どの勤務先の労働者か。

❺民間企業

❻労働三権が全て適用されない地方公務員を，全て答えよ。

❻警察・消防職員

【新しい人権と国際人権】

<u>ランクA</u>

❶社会状況の変化に対応して主張されるようになった，知る権利，環境権，プライバシーの権利などを総じて何というか。

❶新しい人権

❷高度成長期に社会問題化した**四大公害事件**をすべて答えよ。

❷新潟水俣病，四日市ぜんそく，イタイイタイ病，水俣病

❸環境権の1つで，自然の景観や歴史的・文化的景観を享受する権利のことを何と言うか。

❸景観権

❹マス‐メディアを通じて自由に情報を入手したり，国家などの公的機関に必要な情報の提供を求める権利を何というか。

❹知る権利

❺1987年，最高裁は，ある政党に対する新聞の意見広告に，その政党が反論を掲載する権利を否定した。「サンケイ新聞事件」で争われたこの権利を何というか。

❺アクセス権

<u>ランクB</u>

❶マス‐メディアが，国民の知る権利の実現のために，人権や生命の安全に配慮しつつ，権力の規制を受けないで公正かつ事実にそくした情報を伝達する自由を何というか。

❶報道の自由

❷都道府県や市町村において制定されている，情報公開に関する条例を何というか。

❷情報公開条例

❸2001年，国や地方自治体が所有する情報に関して，開示請求があれば公開しなければならない法律を何というか。

❸情報公開法

❹ 2013 年に成立した法律で，安全保障上，特に秘匿を要する情報（防衛・外交・スパイ活動防止・テロ防止）の漏洩を防止するための法律で，秘密を漏洩した公務員らに最高 10 年の懲役刑を科すと規定したものは何か。

❹特定秘密保護法

❺日本国憲法第 13 条で保障される，個人の尊重や幸福追求権を根拠に主張される私生活をみだりに公開されない権利を一般に何というか。

❺プライバシーの権利

❻東京地裁が，小説のモデルとされた政治家のプライバシーを認め，著者である三島由紀夫と出版社に損害賠償を命じた事件を何というか。

❻『宴のあと』訴訟

❼ 2003 年に成立した，個人情報の適切な取扱いと保護を義務づける法律を何というか。

❼個人情報保護法

❽他人の権利を侵害しない限り，国家によるパターナリズム（権威的干渉）を排除して行使できるとされる個人の権利は何か。

❽自己決定権

❾ 1999 年に制定された，一定の犯罪について，検察官や警察官に電話や電子メールなどの盗聴を認める法律の通称は何か。

❾通信傍受法（盗聴法）

❿ 1948 年，国連は国連憲章に掲げた人権を実現するための宣言を採択した。法的拘束力はないが，各国の人権保障の基準となるこの人権章典は何か。

❿世界人権宣言

⓫ 1966 年に国連が採択した，社会権規約（A 規約）と自由権規約（B 規約）などからなる人権章典は何か。

⓫国際人権規約

⓬ 1977 年，人権侵害をなくすために結成された N G O がノーベル平和賞を受賞した。政治犯の釈放や，拷問，死刑の廃止を求めて活動しているこの N G O の名称は何か。

⓬アムネスティ・インターナショナル

⓭公海自由の原則や外交官特権など，国際法の形成過程で，成文化されないまま国家間で適用されていた法を何というか。

⓭国際慣習法（慣習国際法）

⓮非営利団体の中には，国連で発言，協力を求められる組織がある。国境を越えて活動する非営利団体は何か。

⓮国際 N G O（N G O）

⓯自分の属する文化・民族の優越性を絶対視して，他の文化・民族の排斥・支配を正当化する考え方を何というか。

⓯エスノセントリズム（自文化・自民族中心主

⓰人間の文化は地理的・歴史的に多様であり，その価値に優劣はない，とする考えを何というか。

⓱女性同性愛者，男性同性愛者，両性愛者，体の性と心の性が一致しない状態の人，体の性の発達が典型と異なる状態の人たちの**総称**を何というか。

⓲平等選挙の原則には，一人一票という政治価値の平等と，もう一つの平等原則がある。それは何か。

⓳「男は仕事，女は家庭」のように，男女の役割に関する固定的な観念を一般に何というか。

⓰文化相対主義（多文化主義）

⓱性的マイノリティ（ＬＧＢＴ，ＬＧＢＴＱ＋）

⓲一票一価（投票価値の平等）

⓳性的役割分業（ジェンダー・バイアス）

ランクC

❶人に知られたくない過去の情報の削除を求める権利を何というか。

❷1863年，スイス人アンリ＝デュナンの提唱で創設された，戦争犠牲者の保護を目的とする非政府組織（ＮＧＯ）を何というか。

❸1971年に設立され，1999年にノーベル平和賞を受賞した医療援助活動を専門に行うＮＧＯは何か。

❹最高裁は，空港の夜間の使用禁止を求める伊丹地区住民の要求を退け，過去の騒音に対する損害賠償のみを認めた。環境権が争われたこの裁判を何というか。

❺障がい者から何らかの助けを求める意思表明があった場合，過度な負担にならない範囲で，社会的障壁を取り除くために便宜をはかることを何というか。

❻柳美里氏のデビュー小説をめぐり，モデルとなった女性がプライバシーの権利を侵害されたとして作者と出版社を訴えた訴訟は何か。

❼自民党が共産党の綱領を批判する意見広告を新聞に掲載したことをめぐって争われた訴訟を何というか。

❽日本国憲法に明記のされているプライバシー関連の規定を二つあげよ。

❾人権制約によって得られる利益とその制限により失われる利益を比較衡量し，前者の価値が高いと判断される

❶忘れられる権利

❷赤十字国際委員会

❸国境なき医師団（ＭＳＦ）

❹大阪空港公害訴訟

❺合理的配慮

❻『石に泳ぐ魚』訴訟（『石に泳ぐ魚』出版差し止め訴訟）

❼サンケイ新聞意見広告訴訟

❽通信の秘密，住居の不可侵

❾利益衡量

場合には人権の制限を合憲とし，後者が高い場合には人
権の制約を違憲とする判断方法を何というか。

❿ 2005 年，高齢者が家族や施設職員などから身体的，
心理的，経済的に虐待されることを防止する法律が制定
された。国や自治体の役割を定めたこの法律は何か。

❿高齢者虐待防止
　法

3 現代の民主政治と社会参画

民主政治の成立と課題

【自由民主主義の成立と課題】

ランクA

❶個人の権利・自由を優先し，国家権力からの干渉を排除しようとする政治思想を何というか。

❶自由主義

❷ギリシャ語のデモス（人民）とクラティア（支配）が結合した語で，古代ギリシャの都市国家に起源をもつ政治参加のあり方を何というか。

❷民主主義

❸生存のために自由や主体性を放棄し，権威ある者への服従と，自己より弱い者への攻撃的性格が共生した人間精神のあり方で，フロムが提唱した性格類型を何というか。

❸権威主義的パーソナリティ

❹自由を獲得した現代人が，自由の重荷に耐えかねて新たに追従する権威を求めるようになる心理を分析した，『自由からの逃走』を著した社会心理学者は誰か。

❹フロム

❺19世紀ドイツの社会主義者ラッサールは，自由放任主義的な経済観のもとで，国家の役割を治安維持などに機能を限定する小さな政府を批判して，何と呼んだか。

❺夜警国家（自由国家，消極国家）

❻イギリスや日本では，議会の信任に基づいて行政府が組織される。このような元首と行政の長が異なる議会中心の政治制度を何というか。

❻議院内閣制

❼裁判所は，法令などを審査して，憲法に違反している場合には無効を宣言することがある。憲法第81条に規定されたこの権限を何というか。

❼違憲審査権（法令審査権，違憲立法審査権）

❽社会主義国家では三権分立が形骸化することが多い。全人民の代表から構成される国家機関が，立法・行政・司法の三権を独占する体制を何というか。

❽民主集中制（権力集中制）

❾開発途上国では，政治的安定のために国民の人権を制限することがある。経済発展を優先させるこのような政治体制を何というか。

❾開発独裁

ランクB

❶リースマンは大衆社会を分析し，人間の社会的性格を三類型に分類した。他人の意見や評判に敏感で，他人の言動を自分の指針とする性格を何と呼んだか。

❷日本では，大衆迎合主義の意味で用いられる言葉で，政治家の特定の政策を熱狂的に支持するが，その他の政治には無関心となる大衆の傾向を何というか。

❸アメリカ合衆国などでは，国家元首と行政府の長が一体であり，国民の選挙で選ばれる。このような行政機関の独立性の強い政治制度を何というか。

❹アメリカの大統領が，連邦議会を通過した法案への署名を拒み，その発効を阻止する権限を何というか。

❶他人指向型（外部指向型）

❷ポピュリズム（大衆迎合主義）

❸大統領制

❹拒否権

ランクC

❶『孤独な群集』の著書で知られるアメリカの社会学者は誰か。

❷アメリカの経済学者フリードマンは，ケインズ政策を否定して小さな政府を推奨した。サッチャー，レーガン，ブッシュらが採用したこの考えを何というか。

❸中華人民共和国（中国）憲法において，国家権力の最高機関と規定されている機関は何か。

❹中華人民共和国（中国）において，総理をはじめとする閣僚が全国人民代表大会によって選出され，これに対する責任を負う最高の行政機関を何というか。

❶リースマン

❷新自由主義（ネオ・リベラリズム）

❸全国人民代表大会

❹国務院

【民主社会と選挙】

ランクA

❶内閣支持率など，政治的・社会的な問題に対して多くの国民が共有している集合的意見を何というか。

❷情報を提供する媒体は，文字から音声，映像へと段階的に発展してきた。このような媒体を何というか。

❸大衆社会において，自己中心的な生活態度から生じる現実政治への失望・疎外感など，消極的・受動的・非政治的な態度を一般的に何というか。

❹情報が氾濫するなかで，必要かつ正しい情報を主体的に選択し，活用する能力を何というか。

❶世論（輿論）

❷マス・メディア

❸政治的無関心（アパシー）

❹情報リテラシー（メディア・リテラシー）

❺1980 年代，米軍は分散しているコンピュータを一定の基準で接続するネットワークを形成した。現在世界的に普及しているこの通信・情報網を何というか。

❻インターネットを利用して誰もが参加できる双方向発信のメディアで，情報の発信，共有，拡散などを常時可能とするコンテンツを何というか。代表的なものにＳＮＳがある。

❼新聞，雑誌，テレビ，ラジオ，書籍などの媒体を通じて，情報が一方的に大量伝達される活動を何というか。

❽国政のあり方を最終的に決定する権力を持つ者を何というか。

❾民主制には，国民が決定権を直接行使する**直接民主制**と代議員などに委託する**代表民主制**がある。代表民主制の別称は何か。

❿憲法改正の国民投票や，地方自治特別法に定められた住民投票などを何というか。

⓫一選挙区から 2 名以上の議員を選出する選挙区制を何というか。

⓬一選挙区から 1 名の議員を選出する選挙区制を何というか。

⓭投票に占める落選した全候補者の得票の割合は，**小選挙区制度**で最も高くなる。この票を何というか。

⓮得票を政党単位で集計し，その得票数に応じて「ドント式」などで議席を配分する選挙制度を何というか。

⓯1947 年から 1994 年まで，衆議院選挙で採用されていたもので，一選挙区から 3～5 名（1986 年以降は 2～6 名）の議員を選出する選挙区制を何というか。

⓰2012 年の公職選挙法改正で，衆議院は 289 人の定数となったが，選挙区の定数は有権者を反映していない。その結果生じている**一票の価値の違い**を何というか。

⓱選挙の結果，議会の過半数の議席を確保し，**政権を担う政党**を何というか。

⓲議会で多数を占め，政権を担う政党を**与党**というが，その他の政党を何というか。

❺インターネット

❻ソーシャル・メディア

❼マス・コミュニケーション

❽主権者

❾間接民主制（議会制民主主義）

❿レファレンダム（国民投票，住民投票）

⓫大選挙区制

⓬小選挙区制

⓭死票

⓮比例代表制

⓯中選挙区制

⓰一票の格差（議員定数の不均等）

⓱与党

⓲野党

❶一人一票の投票で選挙人の投票価値をすべて等しく扱う選挙制度で差別選挙を否定するこのしくみを何というか。 ❶平等選挙

❷どの候補者にも投票でき，投票しなくても罰せられない選挙を何というか。 ❷自由選挙

❷現代では，身分や財産上の制限なしに，個人が自由，対等に政治参加できるようになった。このような制度を何というか。 ❷大衆民主主義

❷議会において，多数派となる政党がなく，議員数の小規模な政党が数多く存在する状態を何というか。 ❷小党分立（多党制）

❷有権者が直接代表者を選ぶことができる選挙を何というか。 ❷直接選挙

❷単一の政党で成立する内閣（単独政権）に対して，複数の政党や政治勢力の協力によって成立する内閣を何というか。 ❷連立政権（連立内閣）

❷ベルギーの提唱者にちなんで名づけられた，日本の比例代表区の議席配分に用いられる計算方式を何というか。 ❷ドント方式

❷わが国のように，一つの政党の議席数が過半数近くを占め，他の政党を圧倒する勢力を占めるような多党制のあり方を何というか。 ❷一党優位制

❷1863年に奴隷解放宣言を発し，南北戦争終結直後に暗殺されたアメリカ大統領は誰か。 ❷リンカーン（リンカン）

▰ ランクB ▰

❶アメリカのジャーナリストのリップマンは，現代の世論はマス・メディアのステレオタイプな情報によって形成されているとした。このような加工された環境を何というか。 ❶疑似環境

❷広く共有されている画一的・固定的な概念・意識・イメージなどを何というか。 ❷ステレオタイプ（紋切型思考）

❸LINEやフェイスブックなど，登録された利用者同士が交流できるWebサイトの会員制サービスを何というか。 ❸ソーシャル・ネットワーク・サービス（SNS）

❹特定の支持政党を持たない有権者を何というか。 ❹無党派層

❺ある方向性や目的を持って，権力者やマス‐メディアによって偏った世論が意図的に形成されることを何というか。

❺世論操作

❻メディアの報道によって，投票行動や株式売買など，人々の行動に変化を与えることを何というか。

❻アナウンスメント効果

❼アメリカの社会学者リースマンによる分類で，リースマンは，多産多死で人口が停滞していた中世以前の人間は，伝統と権威に服従する性格が代表的であるとした。このような性格を何というか。

❼伝統指向型

❽リースマンは，多産少死で人口が増大し始めた近代の人間は，自己の内面的な価値を指針にするとした。このような性格を何というか。

❽内部指向型

❾現代社会における消費・レジャー志向が強まるなかで，参政権を持ちながらも，政治への失望感や疎外感などから，政治の主体であるという情熱の衰えのために生じる無関心を何というか。

❾現代的無関心

❿大衆の見解である世論を左右し，立法・行政・司法とは異なる影響力を発揮することから，マス‐メディアにつけられた別称は何か。

❿第四の権力

⓫あるリスクについての情報を，行政・専門家・企業・市民などの利害関係者間で共有し，相互に意思疎通を図ることを何というか。

⓫リスク‐コミュニュケーション

⓬災害被害を「ゼロ」に近づけるための備えと，災害被害を「最小限」に抑えるための備えをそれぞれ何というか。

⓬防災，減災

⓭多数決原理は，ともすると少数者の意見や権利を踏みにじることになる。トックビルやミルが指摘したこの危険を何というか。

⓭多数者の専制

⓮民主政治のあり方の一つで，選挙で勝利した政党が，議会の多数議席を占めて最終的な決定を下していくタイプの民主主義を何というか。

⓮多数者支配型民主主義

⓯日本国憲法の前文は，「日本国民は，正当に選挙された国会における代表者を通じて行動し…」と規定し，国民代表を通じた主権行使を採用している。このような代表制のあり方を何というか。

⓯代表民主制（間接民主制，代議制民主主義）

❶⑯ 1994 年の公職選挙法改正により衆議院議員選挙に導入されたしくみで，各党の当選者は候補者名簿の順位にしたがって決定される選挙方式を何というか。

⑯拘束名簿式比例代表制

⑰ 1994 年に導入された，小選挙区と全国 11 ブロックの比例代表区（拘束名簿式）を組み合わせた衆議院議員の選挙制度を何というか。

⑰小選挙区比例代表並立制

⑱参議院議員を選出する比例代表区で，政党は当選順位を付さない名簿を提出し，有権者は候補者名または政党名のいずれかを記入する選挙方式を何というか。

⑱非拘束名簿式比例代表制

⑲ 1950 年に制定された，国や自治体の議員と，自治体の首長を公選するしくみを規定する法律を何というか。

⑲公職選挙法（公選法）

⑳公職選挙法では，候補者の総括責任者や出納責任者，秘書，配偶者や親族の選挙違反が確定した場合には当選を無効とする。このしくみを何というか。

⑳連座制

㉑欧米で多く認められているが，日本では禁止されている行為で，選挙運動期間中に有権者の居住宅を訪ねて直接投票を依頼する行為を何というか。

㉑戸別訪問

㉒ 2003 年に創設された，選挙公示（告示）の翌日から投票日前日までの間の投票を可能とするこの制度を何というか。

㉒期日前投票

㉓政策目標を綱領などで明文化し，政権の獲得をめざして活動する団体を何というか。

㉓政党

㉔イギリスのトーリー党・ホイッグ党など，地域の有力者や，彼らの支持を得た人物で組織された政党を何というか。

㉔名望家政党

㉕多数の国民の支持を得て，組織的，資金的に整えられた政党を何というか。

㉕大衆政党（組織政党）

㉖伝統を守り，現状を維持しようとする立場や考え方をとる政党を何というか。

㉖保守政党

㉗現存の体制や組織を変革しようとする立場や考え方をとる政党を何というか。

㉗革新政党

㉘ 1993 年まで，与党の自由民主党に対して，議席数が約半分の日本社会党が中心となって対抗した。この政治構造を何というか。

㉘55 年体制

㉙政党が，選挙の際に政権公約として示す文書で，実施

㉙マニフェスト

時期や数値目標などを具体的に盛り込んだものを何という | （政権公約）
か。

❸政党・団体などが掲げる理念・目標・方針などを要約 | ❸綱領
して列挙した文書のことを何というか。

❸特定の集団の利益を実現するために，政治家や官僚に | ❸利益集団（圧力
働きかける集団を何というか。 | 団体）

❸アメリカでは，政治家に政策実現を働きかける代理人 | ❸ロビイスト
が公認されている。この専門家を何というか。

❸1948年に制定され，1994年，細川護熙内閣のときに | ❸政治資金規正法
大幅に改正された，政治資金の収支の公開を義務づける
法律は何か。

❸1994年に制定された，国民一人あたり250円の計算で， | ❸政党助成法
政治資金を公費から支給する法律は何か。

❸他のあらゆる価値よりも営利を最優先させる考え方 | ❸商業主義
で，金銭的利益を得ることを第一とする姿勢を何という | （コマーシャリ
か。 | ズム）

❸個人に対する全体の優位を唱え，軍事力に国民を総動 | ❸全体主義（ファ
員して対外侵略を正当化する立場を何というか。 | シズム）

❸日本において自民党政権の下では，政・官・財の関係 | ❸族議員
は「鉄の三角形」といわれた。そのなかで，各省庁の政
策決定に影響力を持つ議員は何と呼ばれたか。

❸ドイツやスウェーデンなどのように，政党間の政治的 | ❸穏健的多党制
価値観の違いが比較的小さく，安定した連立政権が実現
している穏やかな多党制を何というか。

❸社会の組織化や複雑化にともなって出現した多様な利 | ❸特殊利益
益集団が，特定の要求を実力で勝ち取り，国民全体の利
益に合致しない自己の利益を主張するようになった。こ
のような利益のことを何というか。

❹ゲティスバーグ演説の中の「人民の政治」とは，どの | ❹国民主権の原則
ような原則を意味するか。

❹「人民による政治」とは，どのような原則を意味する | ❹国民代表の原則
か。

❹「人民のための政治」とは，どのような原則を意味す | ❹国民受益の原則
るか。

❹民主政治のあり方の一つで，多数者支配民主主義に対 | ❹合意民主主義

して，異なる意見の妥協や調整を重視するタイプの民主主義を何というか。

（多極共存型民主主義）

㊹コミュニケーション的理性を自由かつ主体的に発揮し，「数の力」ではなく「理由の力」によって物事を決めていく民主主義のあり方を何というか。

㊹熟議民主主義

ランクC

❶著名なジャーナリストや評論家のように，世論形成に大きな影響力を持つ人を何というか。

❶オピニオン・リーダー

❷政治的無関心を，脱政治的・反政治的・無政治的の三つのタイプに分類したアメリカの政治学者は誰か。

❷ラズウェル（ラスウェル）

❸2011年，民主化運動が中東のチュニジアで始まり，エジプト，リビアなど周辺諸国に波及した。ツイッターなどSNSによって運動が拡大した革命を何と呼ぶか。

❸アラブの春（ネット革命）

❹代表民主制の選挙では集約できない市民の声や利害を，直接行動（請願，デモ，市民運動など）によって表明しようとする民主主義のあり方を何というか。

❹参加民主主義

❺衆議院議員選挙において，最高裁は，議員定数の不均衡に2度の違憲判決を下したが，選挙を無効とはしなかった。このように，社会的な混乱回避を理由として請求を棄却する判決を何というか。

❺事情判決

❻衆議院議員選挙では重複立候補者に限って，名簿の同一順位に登載することが認められている。その当選順位の基準となる小選挙区の当選者に対する得票割合を何というか。

❻惜敗率

❼大衆煽動者（デマゴーグ）によって，有権者を誤った意思決定に導く政治状況を何というか。

❼衆愚政治

❽特定の政党や候補者が有利になるように，恣意的に選挙区割りを行うことを何というか。

❽ゲリマンダー（ゲリマンダリング）

❾18世紀イギリスのバークを始祖とする思想で，理性への懐疑から，社会習慣や伝統的価値観を優先させるイデオロギーを何というか。

❾保守主義

❿ドイツの社会学者マックス＝ウェーバーの支配類型のうちで，身分的な秩序が支配する前近代的な社会において，伝統に則しているという形でその正当性を樹立する

❿伝統的支配

60

支配を何というか。

⓫ドイツの社会学者マックス＝ウェーバーの支配類型の | ⓫カリスマ的支配
うちで、個人の超人的な資質に基づいて行われる支配を
何というか。

⓬ドイツの社会学者マックス＝ウェーバーの支配類型の | ⓬合法的支配
うちで、明示された規則や法の正当性に基づいて行われ
る支配を何というか。

⓭イギリス労働党のブレア政権がその代表で、福祉国家 | ⓭第三の道
観に基づく旧来の単純な「弱者への再分配」でもなく、
また、夜警国家観的な新自由主義による「政治的再配分
の否定」でもない、「競争参加動機のある者への再分配」
を志向する立場を何というか。

⓮議会制民主主義の三つの原理のうち、特定の選挙区民 | ⓮国民代表の原理
の意思ではなく、国民全体の意思を代表する機関である
とする原理は何か。

⓯議会制民主主義の三つの原理のうち、公開討論を重ね、 | ⓯審議の原理
少数意見を考慮したうえで、多数決により決定するとす
る原理は何か。

⓰議会制民主主義の三つの原理のうち、法律が公正に執 | ⓰監督の原理
行されているか、議会が行政機関を不断に監視するとす
る原理は何か。

⓱少子化、高齢化の進展により、若者の声が政治の場に | ⓱シルバー民主主
届きにくくなり、高齢者の権利保護が優先されるという | 義
問題を何というか。

日本の政治機構 ---
【国会・内閣・裁判所】
ランクA

❶日本国憲法第41条で「国権の最高機関であって、国 | ❶国会
の唯一の立法機関である」と定められている組織は何か。

❷帝国議会を構成した議院の一つで、国民の選挙によっ | ❷衆議院
て代表者が選出される議院は何か。

❸戦前の貴族院が廃止され、日本国憲法下で国会に設置 | ❸参議院
された議院を何というか。

❹日本国憲法の**第41条**では「国会」をどのように位置 | ❹国権の最高機

づけているか。二つ答えよ。

関，国の唯一の立法機関

⑤憲章，協定，規約，宣言，議定書，覚書なども含めた文書による国家間の法律的合意を何というか。

⑤条約

⑥1年間の**歳入**と**歳出**の予定を示した計画を何というか。

⑥予算

⑦日本国憲法で，国会議員のなかから国会が指名すると規定されている内閣の首長である大臣を何というか。

⑦内閣総理大臣（首相）

⑧毎年1回，1月に召集され，会期が150日間の国会を何というか。

⑧常会（通常国会）

⑨内閣，もしくはいずれかの議院の総議員の4分の1以上の要求で，内閣が召集する国会を何というか。

⑨臨時会（臨時国会）

⑩衆議院解散後の総選挙の日から，30日以内に召集され，内閣総理大臣の指名を行う国会を何というか。

⑩特別会（特別国会）

⑪国会議員は，現行犯を除き，所属する議院の許諾がなければ国会の会期中に逮捕されず，会期以前の逮捕も議院の要求があれば釈放される。この権利を何というか。

⑪不逮捕特権

⑫国会議員が院内で行う演説，討論，表決などは，院外で法的責任を追及されない。自由な政治討論を保障するために憲法が規定するこの権利を何というか。

⑫免責特権

⑬憲法第49条に定められている，両議院の議員が国庫から一般公務員の最高の給与額以上の報酬を受けることができる特権を何というか。

⑬歳費特権（歳費受領権）

⑭衆院20名，参院10名（予算が絡む場合は衆院50名，参院20名）以上の賛成によって国会議員が提出する法案を，内閣提出の「閣法」に対して何というか。

⑭議員立法

⑮金融機関全体の存続と利益を守るため，大蔵省（現財務省）が行っていた弱小金融機関に足なみをそろえた金融行政は何と呼ばれるか。

⑮護送船団(行政)

⑯憲法第69条に規定された，衆議院のみに与えられている内閣の行政権の行使内容を支持しない旨の決議を何というか。

⑯内閣不信任決議

⑰2001年，内閣府の創設をはじめとする中央省庁再編が実施された。このときに誕生した省庁体制を何というか。

⑰1府12省庁体制

⑱日本国憲法では，国会により指名された内閣総理大臣

⑱連帯責任

が組織する内閣は，国会に対してどのような責任を負うか。

⓳国民を代表する国会議員が有権者の支持に拘束されず，自らの意思で良心に従って行動することを何というか。

⓳国民代表（自由委任代表）

⓴憲法第60条1項に定める，衆議院が先に予算の提出を受け，これを審議する権限を何というか。

⓴予算先議権

㉑衆議院と参議院の議決が異なった場合に，調整のために衆参より各10名ずつ出席して協議する場を何というか。

㉑両院協議会

㉒行政機関が個人や団体に対して，直接の法的強制力によらず，助言・勧告などの形で任意の協力を求めて働きかけ，行政目的を実現しようとする行為を何というか。

㉒行政指導

㉓内閣は，憲法および法律の規定を実施するための**執行命令**と，法律の委任に基づく**委任命令**を制定できる。このような，内閣が制定する命令を何というか。

㉓政令

㉔国家公務員制度改革基本法に基づいて，2014年に内閣官房に設置された中央省庁の人事を管理する機関は何か。

㉔内閣人事局

㉕国会で扱う議題の複雑化・専門化などに対応し，その審議の慎重と能率化をはかるために，両議院内に常任委員会と**特別委員会**が設けられた制度は何か。

㉕委員会制度

㉖**郵政省**は，2001年に郵政事業庁となり，2003年に**日本郵政公社**に改組された。2007年にすべての業務を複数の組織に移管・分割した改変を何というか。

㉖郵政民営化

㉗ナチスの授権法は，行政府に立法権限を認める内容である。このような，立法府以外の機関に実質的な法規の制定を委ねることを何というか。

㉗委任立法

㉘官僚が，退職後に関連企業や特殊法人，公益法人などに再就職することを何というか。

㉘天下り

㉙裁判所の活動は，国会や内閣などの指示や干渉を受けない。この原則を何というか。

㉙司法権の独立

㉚原則として上告審を担当する裁判所が，日本の裁判制度における終審裁判所である。司法の最高機関でもあるこの裁判所は何か。

㉚最高裁判所

❸日本国憲法は，明治憲法と異なって特別の事件や特定の人に限定して開く裁判を認めていない。戦前に設置されていた行政裁判所や**軍法会議**などを何というか。 | ❸特別裁判所

❸裁判官が，憲法と法律にのみ拘束されることは司法権の独立の中核である。この原則を何というか。 | ❸職権の独立（裁判官の独立）

❸**裁判官の独立**は二つの側面から確保されている。二つ答えよ。 | ❸裁判官の身分保障，職権の独立

❸原則として控訴審を担当する裁判所が，全国8ブロックに一つずつ設置されている。この裁判所は何か。 | ❸高等裁判所

❸原則として第一審を担当する裁判所が，全国50か所に設置されている。この裁判所は何か。 | ❸地方裁判所

❸家庭内の紛争の調停や，**少年保護事件**の審判を行う下級裁判所が，地裁と同じ所在地に設置されている。この裁判所は何か。 | ❸家庭裁判所

❸罰金以下の刑事事件や，請求が140万円を超えない民事事件など，軽微な訴訟を取り扱う裁判所は何か。 | ❸簡易裁判所

❸申請により，同一事件について反復して審理することがある。第一審，控訴審，上告審と，上訴を可能にする制度を何というか。 | ❸三審制

❸裁判所は，法令などを審査して，憲法に違反している場合には無効を宣言することがある。憲法第81条に規定されたこの権限を何というか。 | ❸違憲立法審査権（違憲審査権，法令審査権）

❹裁判所の違憲審査権の最終決定は，終審裁判所である最高裁判所が行う。最高裁のこの働きを何というか。 | ❹憲法の番人

ランクB

❶衆参両議院は同時開会・閉会を原則とするが，衆議院の解散中には例外がある。内閣の請求によって，**参議院**のみで機能する国会を何というか。 | ❶緊急集会

❷内閣などの政府が議会に提出する法案を何というか。 | ❷政府法案（内閣提出法案／閣法）

❸内閣総理大臣とともに内閣を組織し，府・省・庁などの責任者として，また内閣の一員として国政全般の処理にあたる閣僚を何というか。 | ❸国務大臣

❹内閣総理大臣が主宰する会議は，非公開・全員一致の | ❹閣議

64

原則で運営される。この内閣の意思決定機関は何か。

❺政府には，中央労働委員会のように準立法的，準司法的機能を有する合議機関がある。総称して何というか。

❺行政委員会

❻20世紀になると，多くの先進国が**消極国家**から**積極国家**に転換し，福祉国家となった。行政の役割が増大したこの国家を，**立法国家**に対して何というか。

❻行政国家

❼公務員の採用・昇進などを，受験成績や勤務成績などに基づいて中立・公平に行う制度のことを何というか。

❼資格任用制（メリット・システム）

❽官僚制の主な弊害の一つで，**縦割り行政**の弊害を何というか。

❽セクショナリズム

❾2000年，人事院に国家公務員倫理審査会が設置された。その根拠となる，公務員の倫理を保ち，国民の信頼を確保するための法律は何か。

❾国家公務員倫理法

❿1993年に制定され翌1994年に施行された，行政の公正の確保と透明化を実現するための法律は何か。

❿行政手続法

⓫1809年，スウェーデンで国民の代表が公務員の職務を監督する制度が創設された。1990年，川崎市が日本で初めて導入したこの制度を何というか。

⓫オンブズマン制度（行政監察官制度）

⓬肥大化した行政の機能をスリム化するため，財政規模を縮小し，民間活力の積極的な利用をめざした政府を何というか。

⓬小さな政府

⓭法と同じ効果を持ち，国会中心立法の原則の例外となる，最高裁判所が持つ，訴訟手続き，弁護士，裁判所の内部規律などを定める権利を何というか。

⓭規則制定権

⓮第一審判決に対する上訴，第二審判決に対する上訴，裁判所の命令・決定に対する上訴をそれぞれ何というか。

⓮控訴，上告，抗告

⓯証拠の価値が損なわれたときなどに，有罪判決が確定していても裁判がやり直されることがある。白鳥事件の最高裁決定で確立されたこの運用を何というか。

⓯再審

⓰「一見極めて明白に違憲無効であると認められない限りは，裁判所の司法審査権の範囲外」として，政治的案件の司法判断を回避する考え方を何というか。

⓰統治行為論

ランクC

❶国会議員は，衆参両院に17ずつ設けられた委員会の

❶常任委員会

いずれかに必ず所属する。国会法上は原則として非公開とされるこの委員会を何というか。

❷特別に審議すべき案件が発生した場合，各議院が会期ごとに設置する委員会は何か。　❷特別委員会

❸公務員に対する政治主導の強化や，縦割り行政の弊害の排除などを目的とした一連の法律は何か。　❸国家公務員制度改革基本法

❹1999年以降，造幣局・印刷局・国立大学などが民間組織となった。政府の出資や交付金を受け，独占的に事業展開するこれらの法人を何というか。　❹独立行政法人

❺国や地方の行政機関が政策などの意思決定を行う過程で，原案を市民に公表して意見を求めるしくみを何というか。　❺パブリック - コメント制度

❻国家基本政策委員会合同審査会における質疑応答は，党首討論ともいうが，イギリスにならって何というか。　❻クエスチョン - タイム

❼国会の委員会は，学識経験者や利害関係者に意見を求め，審議の参考にすることがある。予算案や重要法案の際には必ず設置されるこの機関を何というか。　❼公聴会

❽衆議院の法律案の再議決を例外として，一度議決した案件を同一会期中に再度審議することはないという，**国会法**に規定されたこの原則を何というか。　❽一事不再議

❾憲法第41条の「国の唯一の立法機関」には二つの原則が含まれているが，それは何か。　❾国会中心立法の原則，国会単独立法の原則

❿会期中に審議が完了しなかった案件は，そこで消滅し次の国会に継続されない。このように国会の会期はそれぞれ独立して，次の会期とは継続しないという原則を何というか。　❿会期不継続の原則

⓫大日本帝国憲法の時代には内閣総理大臣の地位はどのように位置づけられていたか。　⓫同輩中の首席

⓬日本国憲法では，内閣総理大臣の地位はどのように位置づけられているか。　⓬内閣の首長

⓭福祉国家の出現は行政の専門化を進め，専門技術官僚による官僚政治を生みだした。この官僚政治を何というか。　⓭テクノクラート

【市民の司法参加と地方自治】

ランクＡ

❶民法や商法など，私人相互の関係を律する法を何という
か。

❷2009 年 5 月，司法制度改革の一つとして開始された，
国民が裁判に参加するこのしくみを何というか。

❸全国の地裁と支部の 165 か所に，検察の不起訴処分を
審査する機関が常置されている。選挙人名簿から選ばれ
た 11 人が，6 か月任期で務めるこのしくみは何か。

❹中央からの統制・介入をなくし，できるだけ多くの権
限を地方に分散することを何というか。

❺憲法第 92 条では，「地方公共団体の組織及び運営に関
する事項」を，どのような理念に基づいて定めると規定
しているか。

❻地方自治の本旨の要素の一つで，自治体が他から指揮，
干渉を受けず，独立して業務を行う原則を何というか。

❼地方自治の本旨の要素の一つで，自治体を地域住民の
意思と参加で運営する原則を何というか。

❽**地方自治法**に規定される住民の直接請求権のうち，**イ
ニシアチブ**と称して認められている制度を何というか。

❾**地方自治法**に規定のある住民の直接請求権のうち，
長・議員，その他主要公務員に対して住民が持つ権利は
何か。

❿憲法改正や地方自治体の議会の解散請求など，重要事
項の決定を住民の投票によって行う制度を何というか。

⓫ナショナル・ミニマムに対して，自治体が地域的に限
定して提供する生活水準を何というか。

⓬2004 年以降，小泉純一郎内閣は国から地方への税源
移譲を行う一方，地方交付税を見直し，国庫支出金を削
減した。この改革を何というか。

⓭1999 年，国の権限を地方に大幅に移譲する改正地方
自治法など 475 法案が成立し，2000 年 4 月に施行された。
これらをまとめて改正する内容の法律を何というか。

⓮地方公共団体が，自治の原理・原則を定めた最上位の

❶私法

❷裁判員制度

❸検察審査会

❹地方分権

❺地方自治の本旨

❻団体自治

❼住民自治

❽条例の制定，改
廃の請求

❾解職請求

❿住民投票
（レファレンダ
ム，国民投票）

⓫シビル・ミニマ
ム

⓬三位一体の改革

⓭地方分権一括法

⓮自治基本条例

条例で,「まちの憲法」「ミニ憲法」などともいわれるものは何か。

⓯ 社会規範の一つで,社会で歴史的に成立・発達し,一般に認められた伝統的な行動様式を何というか。

⓰ 刑法や憲法など,国家内部あるいは国家と私人の関係を律する法を何というか。

⓱ 検察官の訴追によって始まる,事実の確認と,刑法の適用,刑罰の多寡を判断する裁判を何というか。

⓲ 法律だけでなく慣習や論理性も考慮される,私人間の争いを解決する裁判を何というか。

⓳ 国民と政府,自治体との間の裁判を何というか。

⓴ 「地方自治は民主政治の最良の学校である」と表現したイギリスの政治学者は誰か。

㉑ 最高裁判所の下位にある,**高等裁判所・地方裁判所・簡易裁判所・家庭裁判所**を総称して何というか。

㉒ 2005 年に東京高等裁判所の特別支部として設立された,知的財産訴訟を専門とする裁判所は何か。

㉓ 2004 年に総合法律支援法が制定・施行され,法律専門家のサービスを身近にするしくみが整えられた。その中核となる独立行政法人は何か。

㉔ 法曹(裁判官・検察官・弁護士)養成と,法曹人口を大幅に増やすことをめざして開校されたのは何か。

㉕ 成文法に対する概念で,文章化されていないが,慣習・判例によって認められている法を何というか。

㉖ 独占禁止法や労働法,生活保護法など,私法の領域に属する事柄に,国家権力が干渉・調整する法を何というか。

㉗ 1947 年に施行された,地方公共団体の組織や運営に関する基本法は何か。

㉘ 憲法の理念に反して,自治体は財政的・事務的に国の統制や影響下におかれることが多かった。この地方自治のおかれた状況を表す言葉は何か。

㉙ 生活環境の悪化や地価高騰で,都市中心部の人口が減少し,周辺部の人口が増大することを何というか。

(住民基本条例)

⓯ 慣習

⓰ 公法

⓱ 刑事裁判(刑事訴訟)

⓲ 民事裁判(民事訴訟)

⓳ 行政裁判(行政訴訟)

⓴ ブライス

㉑ 下級裁判所

㉒ 知的財産高等裁判所

㉓ 日本司法支援センター(通称:法テラス)

㉔ 法科大学院(ロースクール)

㉕ 不文法

㉖ 社会法

㉗ 地方自治法

㉘ 三割自治(四割自治)

㉙ ドーナツ化現象

▶ ランクB ◀

❶他人の権利を侵害しない限り，個人的なことは本人の自由に任されるという私法原則を何というか。

❷自己の財産や所有物を自由に扱うことができるという私法原則を何というか。

❸逮捕や捜索・押収など，犯罪捜査のための強制処分を行う場合，原則的に**司法官憲**の発する令状が必要である。この令状を発行する司法官憲とは誰か。

❹刑事事件における犯罪の捜査，起訴（公訴の提起），裁判所への法適用の請求などの権限を持つ国家公務員を何というか。

❺有罪判決が確定するまでは，被疑者，被告人は無罪と考えて処遇する原則を何というか。

❻2008年，一定の刑事事件の被害者やその家族が公判に出席して意見陳述ができるようになった。被害者の尊厳と権利の尊重を目的として導入されたこのしくみを何というか。

❼出生した**自然人**であれば権利が平等に与えられるという私法原則を何というか。

❽故意や過失がない限り，損害賠償責任を負わないという民法原則を何というか。

❾日本において六法と呼ばれる法律の名称をすべて答えよ。

❿1973年に憲法第14条の法の下の平等に反するとして，自己または配偶者の直系尊属の殺害（尊属殺）を重く処罰する規定は，何という法律に定められているか。

⓫第二審判決に対する不服申し立ての上訴を何というか。

⓬2007年，裁判所以外の民間機関が介入して紛争を解決する制度が導入された。助言や和解に加えて，仲裁という法的拘束力がはたらく調整も行うこのしくみを何というか。

⓭行政機関が裁判官を懲戒することはできない。罷免の判断は，両院の裁判官訴追委員会の訴追をうけて国会に

❶私的自治の原則

❷所有権絶対の原則

❸裁判官

❹検察官

❺無罪の推定

❻被害者参加制度

❼権利能力平等の原則

❽過失責任の原則

❾民法，憲法，商法，民事訴訟法，刑法，刑事訴訟法

❿刑法

⓫上告

⓬裁判外紛争解決手続（ADR）

⓭弾劾裁判所

設置される裁判所が行う。この裁判所は何か。

⓮独，仏などで行われている，抽選された市民と裁判官とで構成する合議体が，有罪・無罪や量刑を判断する裁判のしくみを何というか。　　　　　　　⓮参審制

⓯英，米などで行われている，抽選された市民だけで構成される合議体が，起訴の是非や有罪・無罪の判断をする裁判のしくみを何というか。　　　　　　　⓯陪審制

⓰判決ではなく，口頭弁論を経ていない裁判所の命令や決定に対する不服申し立てを何というか。　　　　⓰抗告

⓱裁判員は公開法廷以外の審理過程で知り得た事実について，生涯にわたり公言が禁止されている。この責任を何というか。　　　　　　　　　　　　　　⓱守秘義務

⓲同一訴訟事件を異なった階級の裁判所で複数回にわたり審判するしくみを何というか。　　　　　　　⓲審級制度

⓳衆院選の選挙区で合理的に許される範囲を超えた「一票の格差」が生じているとして，最高裁が二度にわたり格差を違憲（選挙は有効）とした裁判は何か。　⓳衆議院議員定数不均衡訴訟

⓴地方自治体では，首長と議会の議員はともに選挙によって住民に選ばれる。この大統領制に似たしくみを何というか。　　　　　　　　　　　　　　⓴二元代表制

㉑地方分権一括法の成立にともなって廃止された，国の地方への委任事務の一部を何というか。　　　　㉑機関委任事務

㉒地方公共団体が，その議会で制定する自主的な法規を何というか。　　　　　　　　　　　　　　　　㉒条例

㉓都市計画の決定や病院の開設許可など，全体の約55％を占める地方自治体が独自に権限を行使する事務のことを何というか。　　　　　　　　　　　　㉓自治事務

㉔機関委任事務が廃止され，自治事務と法令に基づいた地方自治体への委託事務に振り分けられた。このうち，地方に委託される事務を何というか。　　　㉔法定受託事務

㉕日本の地方自治制度は，議院内閣制と大統領制の要素を合わせた形態をとっている。このような地方自治制度を何というか。　　　　　　　　　　　　　㉕首長制

㉖地方自治法に規定されている直接請求権の一つである事務監査請求の請求先はどこか。　　　　　　　㉖監査委員

㉗広域行政を推進するために，都道府県制の見直しが提唱されている。その新しい地方自治制度を何というか。 ㉗道州制

㉘都市の急激な発展にともない，都市から周辺部へ開発が無秩序に，虫食い状に拡大していくことを何というか。 ㉘スプロール現象

㉙住民に身近な行政を行う基礎的自治体を何というか。 ㉙市町村

ランクC

❶私的自治の原則の下，誰と誰がどのような契約を結ぶかは基本的に自由であるという原則で，契約内容の自由，契約締結の自由，相手方選択の自由，方式の自由という四つの側面からなる民法上の原則を何というか。 ❶契約自由の原則

❷基本理念で「すべて犯罪被害者等は個人の尊厳が重んぜられ，その尊厳にふさわしい処遇を保障される権利を持つ」と規定し，2004年に制定された法律は何か。 ❷犯罪被害者等基本法

❸『近代民主政治』の著者であるブライスは，地方自治の持つ住民への政治教育機能を何と表現したか。 ❸民主主義の学校

❹1891年，ロシア皇太子が日本国内で襲撃された。大審院長児島惟謙が裁判への政府の干渉を排除して，司法権の独立を守ったとされるこの事件を何というか。 ❹大津事件

❺主著『アメリカの民主政治』で「地方自治制度の自由に対する関係は，小学校の学問に対するそれと同じである」と述べた人物は誰か。 ❺トックビル（トクヴィル）

❻検察審査会において起訴相当が2回議決された場合には，裁判所指定の弁護士による起訴が義務付けられている。この強制起訴の議決を何というか。 ❻起訴議決

❼裁判員の負担軽減の必要もあり，刑事訴訟法が改正されて裁判の迅速化が図られた。裁判が始まる前に裁判所と検察官，弁護人が集まって争点や証拠を確認するしくみを何というか。 ❼公判前整理手続き

❽2018年から始まった，他人の犯罪を告発する見返りに，被疑者や被告人の処分を軽くする制度を何というか。 ❽司法取引

❾衆議院と参議院で多数派の政党が異なり，その結果として両院で異なる議決が起こりやすくなる状況を何というか。 ❾ねじれ国会

❿犯罪の疑いがあるだけで，警察の留置施設に長期間拘束し，弁護人さえつかない状態で長時間の取り調べを行 ❿人質司法

い，自白を迫る手法を何というか。

⓫下級裁判所の裁判官の指名，裁判所の会計処理，職員の監督など，最高裁が持つ司法運営上の権限を何というか。

⓫司法行政監督権

⓬日本が採用している**違憲法令審査権**は，具体的な事件を裁判する際に法令の違憲判断を行う，アメリカ型の司法審査制であるが，この審査制を何というか。

⓬付随的違憲審査制

⓭ドイツなどで採用されている，具体的な訴訟を前提とせず，憲法裁判所法律や命令の違憲性を抽象的に審査する制度を何というか。

⓭抽象的違憲審査制

⓮裁判所と訴訟当事者に，2年以内に第一審を終えるよう努力義務を課した2003年成立の法律は何か。

⓮裁判迅速化法

⓯従来，損害賠償請求は民事裁判で行われてきたが，刑事裁判のなかでも被害者が被告人に損害賠償を請求できるようになった。この制度を何というか。

⓯付帯私訴（損害賠償命令制度，附帯私訴制度）

⓰加害者の反省感情・謝罪感情を育み，被害者感情を軽減することを目的に，被害者・加害者・地域社会の三者によって犯罪を解決しようという試みを何というか。

⓰修復的司法

⓱明治憲法の下，行政事件について裁判するために，司法裁判所とは別に行政組織内に設置されていた特別裁判所を何というか。

⓱行政裁判所

⓲明治憲法下で設置されていた，皇族の民事訴訟や身分関係を扱う特別裁判所を何というか。

⓲皇室裁判所

⓳明治憲法下で設置されていた，軍人に対する刑事裁判を行った特別裁判所を何というか。

⓳軍法会議

⓴行政のみがサービスの担い手となるのではなく，市民，ＮＰＯや企業等が積極的に公共サービスの担い手となり，子育てや街づくり，介護や福祉などの身近な分野で共助の精神で行う仕組み，体制，活動を何というか。

⓴新しい公共

㉑地方公共団体は二つに分類できるが，そのうち**都道府県**や**市町村**などを総称して何というか。

㉑普通地方公共団体

㉒地方公共団体は二つに分類できるが，そのうち特別区や財産区などを総称して何というか。

㉒特別地方公共団体

㉓2011年に発生した東日本大震災を受け，2013年に制定された大規模災害への備えやインフラ（社会基盤）の

㉓国土強靱化基本法

老朽化対策の施策などを示した法律は何か。

㉔ 2007 年に制定された，地方自治体の財政破綻を未然に防ぐため，各自治体の財政状況を統一的な指標で明らかにして再建を進める法律は何か。

㉔地方財政健全化法

㉕ 1997 年，市民の社会貢献活動やボランティアなどの非営利活動を促進するために制定された法律は何か。

㉕特定非営利活動促進法（ＮＰＯ法促進法）

国際政治のしくみと役割 --
【国際政治の推移】

> ランクＡ

❶ドイツの法学者イェリネックが提唱し，19 世紀末に定着した**国家の三要素**とは何か。

❶領域，国民，主権（領土，人民，政府）

❷一定の領域・国民・主権を持ち，他国からの支配や干渉を受けずに自国のことを自主的に決定する国家を何というか。

❷主権国家

❸ 1994 年，沿岸国の資源に関する権利を 12 海里の領海をこえて定める国連海洋法条約が発効した。領土の基線から 200 海里までの水域を何というか。

❸排他的経済水域（ＥＥＺ）

❹アメリカ大統領で，国際連盟の設立を提唱したのは誰か。

❹ウィルソン

❺ 1919 年，パリ講和会議で集団安全保障に基づく組織の設立が合意された。翌 1920 年に発足したこの国際組織は何か。

❺国際連盟

❻ 1945 年 10 月，国連憲章が発効して，51 か国を原加盟国とする組織が発足した。この組織は何か。

❻国際連合(国連，ＵＮ)

❼世界の保健・衛生問題の改善や，感染症の撲滅などに取り組む国連の専門機関は何か（1948 年設立，本部はジュネーブ）。

❼世界保健機関（ＷＨＯ）

❽国連安全保障理事会において拒否権といわれる特権を持つ，アメリカ・イギリス・中国・フランス・ロシアの 5 か国を総称して何というか。

❽常任理事国

❾国連安全保障理事会の構成国で，総会で選ばれた任期 2 年の 10 か国を総称して何というか。

❾非常任理事国

❿「平和のための結集」決議に基づいて招集される国連総会（会期中でない場合の開催）を何というか。

❿緊急特別総会

⓫国連に常設の国連軍は存在しない。集団安全保障を実効化するために，「緊急軍」「保護軍」などの名称で随時組織される国連の軍事組織を何というか。

⓫平和維持軍（ＰＫＦ）

⓬1957年に示された，国連中心主義，自由主義諸国との協調，アジアの一員としての立場の堅持という日本外交の原則をまとめて何というか。

⓬外交三原則

⓭1967年，佐藤栄作内閣は「核兵器を持たず，つくらず，持ち込ませず」という政府方針を表明した。1971年に衆議院で決議されたこの原則を何というか。

⓭非核三原則

ランクB

❶『国家論』の著者であるボーダンが，「国家の最高にして永久的権利」とした概念は何か。

❶主権概念

❷主権概念のうち，国家の支配権（立法，行政，司法権の総称）を何というか。

❷統治権

❸主権概念のうち，国政のあり方を最終的に決定する権利または権威を何というか。

❸最高決定権（国政終局決定権）

❹1648年，三十年戦争を終結させる条約が結ばれた。近代の，主権国家単位の国際社会を形成する契機となったこの条約は何か。

❹ウェストファリア条約

❺ドイツにおける新旧教徒の内乱に端を発し，ヨーロッパ全土に広がった宗教戦争を何というか。

❺三十年戦争

❻主権国家を基本的な構成単位として成立する全体社会のことを何というか。

❻国際社会

❼すべての国家は主権的地位において平等であるとする国際社会の原則を何というか。

❼主権平等の原則

❽一国内の内政問題は，国際法に反しない限り，それぞれの国家意思によって決定されるべきで，他国が干渉してはならないという国際社会の原則を何というか。

❽内政不干渉の原則

❾一国の沿海で，その国の主権（統治権）が及ぶものと国際的に認められている海洋部分を何というか。

❾領海

❿すべての国家が他国の干渉を受けることなく，公海を自由に使用できるとする国際法上の原則を何というか。

❿公海自由の原則

⓫10年にわたる議論の結果，第3次国連海洋法会議で

⓫国連海洋法条約

1982 年に採択され，1994 年に発効，日本は 1996 年に批准した，海洋に関する憲法ともいわれる条約を何というか。

⓬ 1996 年，ドイツのハンブルクに設立された裁判所で，国連海洋法条約の解釈や適用に関する紛争・申し立てを司法的に解決する機関を何というか。 ⓬国際海洋法裁判所

⓭ 1941 年 8 月，F．ローズベルトとチャーチルが第二次世界大戦の戦後処理と協力体制に関して合意し，発表された共同声明は何か。 ⓭大西洋憲章

⓮ベルサイユ条約の第一編として 1919 年に調印された，この組織の加盟国が戦争に訴えない義務を誓約した文書を何というか。 ⓮国際連盟規約

⓯ 1823 年にアメリカ大統領が述べ，国際連盟への不参加の要因にもなった，アメリカの孤立主義的な外交の根拠とされた原則を何というか。 ⓯モンロー主義

⓰カントが共和国家を単位とする国際機構の設立や常備軍の廃止，国際法の確立など提唱した著作は何か。 ⓰『永久平和のために』

⓱国連の主要機関の一つで，全加盟国が一国一票の原則により対等な立場で参加する機関は何か。 ⓱総会

⓲国際連盟は，ウィルソンの「独立と領土保全のための国際的連合の設立」の構想に基づいて設立された。この提言の全体を何というか。 ⓲平和原則 14 か条

⓳UNHCRやユニセフなど，国際連合の総会決議で設置された機関を総称して何というか。 ⓳補助機関

⓴経済社会理事会と連携して専門分野において開発途上国を支援する 15 の機関を総称して何というか。 ⓴専門機関

㉑教育・科学・文化・情報などの活動をとおして，国際平和の実現と人類の福祉の促進に取り組む専門機関は何か（1946 年設立，本部はパリ）。 ㉑国連教育科学文化機関（UNESCO）

㉒開発途上国の子どもへの援助を目的とする国連の常設機関は何か（1946 年設立，本部はニューヨーク）。 ㉒国連児童基金（UNICEF）

㉓労働条件の国際的改善を通して世界平和を確立することを目的に国際連盟の付属機関として設立され，現在は国際連合の専門機関の一つとなっている機関は何か。 ㉓国際労働機関（ILO）

㉔人権問題への対応を強化するために，国連が人権委員 ㉔国連人権理事会

会を改組して 2006 年に設置した組織は何か。

㉕国連が，当事国の同意を得て，国際紛争の平和的解決を図るために行う活動を何というか。 | ㉕国連平和維持活動（平和維持活動，ＰＫＯ）

㉖安全保障理事会の手続き事項以外の重要事項の議決には，常任理事国5か国を含む9か国以上の賛成が必要であるが，5か国が持つ特権を何というか。 | ㉖拒否権

㉗1998 年，集団虐殺や戦争犯罪などを行った個人を裁くためのローマ規程が採択され，2002 年に新設された裁判所は何か。 | ㉗国際刑事裁判所（ＩＣＣ）

㉘国際司法裁判所は，国家間の紛争処理の他，国連と国連専門機関からの要請を受け，法律問題についての解釈を示すことがある。これを何というか。 | ㉘勧告的意見

㉙常任理事国に拒否権を与えて大国の総意で国際紛争を解決し，国際平和を維持しようとする原則を何というか。 | ㉙大国一致の原則

㉚国連平和維持活動の一つで，休戦協定の履行を非武装で監視するものを何というか。 | ㉚停戦監視団

㉛湾岸戦争（1991 年）やソマリア内戦（1992 ～ 93 年），東ティモール騒乱 (1999 ～ 2000 年）において国連の決議に基づいて結成，派遣された連合軍は何か。 | ㉛多国籍軍

㉜自衛戦争を除き，国際紛争の解決手段としての戦争を初めて全面的に禁止した 1928 年に結ばれた条約を何というか。 | ㉜不戦条約（ケロッグ・ブリアン条約）

㉝国際社会の平和と安全を侵す国に対して，国連憲章第43 条に基づき軍事的措置をとるために編成される軍隊を何というか。 | ㉝国連軍

㉞1990 年，安全保障理事会はイラクのクウェート侵攻（湾岸危機）に対して制裁容認を決議した。決議に基づいて，翌 1991 年にアメリカ中心の多国籍軍が敢行した戦争は何か。 | ㉞湾岸戦争

㉟国連における新規加盟国の承認や加盟国の除名，安保理の非常任理事国の選挙，予算問題，平和に関する勧告など，総会において出席かつ投票する国の3分の2以上の賛成により採択される議案を何というか。 | ㉟重要事項

㊱国連において，総会で加盟国の過半数の賛成により採 | ㊱手続事項

択される議案を何というか。

㊲ 国連平和維持活動（ＰＫＯ）において，加盟国から自発的に提供された要員を国連が編成・派遣する混成部隊のうち，非武装のものを何というか。

㊲ 監視団

㊳ 国連平和維持活動の一つで，紛争地域の平和回復後に，公正な選挙が実施されているか監視するものを何というか。

㊳ 選挙監視団

㊴ 国連憲章の第７章に基づく武力的強制権が付与された部隊で，ガリ元事務総長が「平和への課題」として創設を提唱した組織は何か。

㊴ 平和執行部隊

㊵ 1941 年にアメリカ大統領Ｆ. ローズヴェルトが表明した「四つの自由」をすべて答えよ。

㊵ 言論・表現の自由，信仰（信教）の自由，欠乏からの自由，恐怖からの自由

㊶ 1951 年，アメリカのサンフランシスコにおいて日本と連合国との間に締結され，日本が独立を回復し，国際社会への復帰を果たすことになった条約を何というか。

㊶ サンフランシスコ平和条約（対日平和条約）

㊷ 1957 年以降，日本政府が掲げる外交の基本方針を三つ答えよ。

㊷ 国連中心主義，自由主義諸国との協調，アジアの一員としての立場の堅持

㊸ 日ソ共同宣言では，平和条約の締結後にソ連が占拠した歯舞群島と色丹島を返還すると定めている。国後島，択捉島を含めた日露間の領土問題を何というか。

㊸ 北方領土問題

㊹ 1905 年，日本は日本海の小島を領土に編入した。現在，大韓民国が独島と呼び，警備隊を駐屯させて領有権を主張している島は何か。

㊹ 竹島

▎ランクC▕

❶ フランス革命後に盛んになった，宗教などの共通の価値観を掲げて国民や民族などの一体感を昂揚させる運動を何というか。

❶ ナショナリズム（民族主義）

❷ グロティウスが，公海自由の原則を展開した著作は何か。

❷ 『海洋自由論』

❸三十年戦争の反省から，自然法に基づいた国際法の必要性を説き，「国際法の父」と称されるオランダ人法学者は誰か。

❸グロティウス

❹国際社会において諸国間で軍事同盟をつくり，敵対する相互の力の均衡によって独立・安全を維持しようとする外交戦略のことを何というか。

❹勢力均衡（バランス・オブ・パワー）

❺国際連盟や国際連合は，加盟国同士の武力行使を禁止し，侵略者に対しては共同行動をとることを義務づけている。この安全保障のしくみを何というか。

❺集団安全保障

❻ブルーヘルメットに象徴される国連平和維持活動（PKO）の紛争拡大防止作用を何というか。

❻国連プレゼンス

❼国連には，世界平和と安全保障の問題を取り扱う機関がある。加盟国を拘束する紛争処理策を提示するなど，総会を上回る権限を有するこの主要機関は何か。

❼安全保障理事会

❽国連の主要機関で，戦争の根幹を解決するために，経済問題や社会問題を処理する機関を何というか。

❽経済社会理事会

❾1901 年設立の常設仲裁裁判所，1920 年に国際連盟に付設された常設国際司法裁判所を継承し，1945 年に国連に設置された国際間の紛争を解決する裁判所は何か。

❾国際司法裁判所（ICJ）

❿信託統治地域の施政を監督し，統治地域の自治・独立を推進するために設置され，現在は任務を終了している国際連合の主要機関を何というか。

❿信託統治理事会

⓫国際連合の主要機関の一つで，本部がニューヨークにあり，国連運営に関する一切の事務を担当する機関を何というか。

⓫事務局

⓬1950 年に採択された，常任理事国の拒否権によって安全保障理事会が機能しない場合に，緊急特別総会を開いて審議・勧告を行うことができる決議を何というか。

⓬「平和のための結集」決議

⓭1966 年に設立された，技術協力や資金援助などにより開発途上国への支援を行う国連の常設機関は何か。

⓭国連開発計画（UNDP）

⓮国連人間環境会議に基づいて，環境問題を取り扱うために設立された常設機関は何か（1972 年設立，本部はケニアのナイロビ）。

⓮国連環境計画（UNEP）

⓯国連の経費は，加盟国が負担することが義務付けられている。総会が各国のGNI（国民総所得）を基準に割

⓯国連分担金

り当てるこの負担金を何というか。

⓰国連総会は**主権平等**の原則に基づき，すべての加盟国に投票権を付与している。この原則を何というか。

⓰一国一票

⓱日本において未解決の領土問題として，ロシアとの間で北方領土問題がある。北方四島の名称を答えよ。

⓱国後島，択捉島，色丹島，歯舞群島

⓲ 1895 年，清は台湾と周辺諸島を日本に割譲した。沖縄に属するとして戦後の返還対象から外され，2010 年の漁船衝突を機に中国との間で問題化した群島は何か。

⓲尖閣諸島

【戦後の世界と安全保障】

▰▰ランクA ◀

❶ 1949 年，北米・西欧の西側諸国は，ソ連の脅威に対抗するための条約を締結した。現在，東欧を含む 30 か国が加盟する地域的・集団的防術機構は何か。

❶北大西洋条約機構（NATO）

❷ 1955 年，ソ連と東欧諸国は，NATOに対抗する機構を結成した。1991 年に解体された東側の相互安全保障機構を何というか。

❷ワルシャワ条約機構（WTO，WPO）

❸ 1961 年，東ドイツが人々の西側への脱出を防ぐために構築し，1989 年に崩壊して冷戦終結の象徴となったこの障壁を何というか。

❸ベルリンの壁

❹ 1962 年，アメリカはキューバに建設中のソ連のミサイル基地の撤去を求めて海上を封鎖した。米ソの交戦が懸念されたこの事件を何というか。

❹キューバ危機

❺ 1979 年，ソ連はクーデタで成立した中東の政権を維持するために軍事介入した。1980 年のモスクワ五輪ボイコット，新冷戦の原因となったこの事件は何か。

❺アフガニスタン侵攻

❻ 1989 年，アメリカのブッシュ大統領とソ連のゴルバチョフ書記長が，冷戦の終結を宣言した会談は何か。

❻マルタ会談

❼ 1963 年，**大気圏内，水中，宇宙空間**の核実験を禁止する条約が締結された。米・英・ソが推進し，中・仏が反対したこの条約を何というか。

❼部分的核実験禁止条約（PTBT）

❽ 1968 年，国連総会は核兵器保有国の拡大を防止する条約を採択し，1995 年にその有効期限を無期限とした。日本が 1976 年に批准したこの条約は何か。

❽核拡散防止条約（NPT，核不拡散条約）

❾核兵器の開発，製造，生産，保有，備蓄，移転，使用

❾核兵器禁止条約

及び威嚇としての使用の禁止ならびにその廃絶をめざす
条約が 2017 年に国連で採択された。この条約は何か。

❿ 1970 年のＮＰＴ発効によって, 非核兵器国の核物質 | ❿国際原子力機関
管理に国連機関による現地査察が義務づけられた。2005 | （ＩＡＥＡ）
年に, ノーベル平和賞を受賞したこの機関は何か。

⓫核兵器の脅威で敵対する国の侵略行為を抑制し, 平和 | ⓫核抑止論
を維持しようという戦略思想を何というか。

ランクB

❶ 1947 年, アメリカの国務長官が発表したヨーロッパ | ❶マーシャル・プ
の経済復興策を何というか。 | ラン

❷ 1947 年, 資本主義陣営に対抗するために, ソ連が東 | ❷コミンフォルム
欧各国の共産党・労働者党との連絡・情報交換を目的と
して設置したもので, 1956 年に解散した機関を何とい
うか。

❸ 1948 年から翌年にかけて, 西側陣営による西ベルリ | ❸ベルリン封鎖
ンの通貨改革に端を発して, ソ連が西ドイツからベルリ
ンへの交通を全面的に遮断したできごとを何というか。

❹ 1954 年, 朝鮮統一とインドシナ戦争の休戦について | ❹ジュネーブ極東
開催された国際会議は何か。 | 平和会議

❺ 1955 年, 米・英・仏・ソの四巨頭がスイスのジュネー | ❺ジュネーブ四巨
ブに集まり, 東西対立に終止符を打ち, 平和共存への道 | 頭会談
を探るための方策が話し合われた会談を何というか。

❻核の恐怖の均衡を背景に, 米ソは敵対しつつも共存の | ❻平和共存政策
道を模索した。ソ連首相のフルシチョフが示したこの外
交路線を何というか。

❼アメリカを中心とする西側資本主義国グループ（第一 | ❼第三世界
世界）にも, ソ連を中心とする東側社会主義グループ（第
二世界）にも属さず, 積極的に中立の立場をとってきた
発展途上の国々を何というか。

❽ 1955 年, アジア・アフリカの 29 か国が出席して, イ | ❽アジア・アフリ
ンドネシアで開催された会議を何というか。 | カ会議

❾アジア・アフリカ会議で表明された原則で, 平和五原 | ❾平和十原則
則に集団的自衛と国連憲章の尊重などを盛り込んだ原則
を何というか。

❿冷戦を主導するアメリカ, ソ連のどちらとも同盟を結 | ❿非同盟主義

ばず，どちらの陣営にも属さない原則を何というか。

⓫ フルトン大学の演説で，東側諸国の閉鎖性に対して「鉄のカーテン」と表現したイギリスの元首相は誰か。

⓫ チャーチル

⓬ 1947年，アメリカの大統領が宣言した社会主義勢力に対する封じ込め政策を何というか。

⓬ トルーマン・ドクトリン

⓭ 1949年にソ連と東欧諸国の間で東側陣営の結束のために国際的分業を調整する目的でつくられたが，1991年，ソ連解体に先立って崩壊したこの組織を何というか。

⓭ 経済相互援助会議（COMECON，コメコン）

⓮ 1946年，北はバルト海から南はアドリア海まで封鎖的な境界があるとして，チャーチルがソ連の秘密主義を批判する演説を行った。この演説を何というか。

⓮ フルトン演説（鉄のカーテン演説）

⓯ 1956年，スターリン批判を行った人物は誰か。

⓯ フルシチョフ

⓰ キューバ危機の翌年に調印された協定で，米ソの首脳間に直通通信回線を引く取り決めを何というか。

⓰ ホットライン協定

⓱ 1968年，ソ連はワルシャワ条約機構によるチェコスロバキアへの武力干渉を行ったが，この干渉を正当化する論説を何というか。

⓱ ブレジネフ・ドクトリン（制限主権論）

⓲ フランスの大統領ド＝ゴールは，東西の緊張がやわらいだキューバ危機後の情勢を何と表現したか。

⓲ 緊張緩和（デタント）

⓳ 1950年代にソ連がスターリン批判を表明したことに対して中国が反論，社会主義理論・国際共産主義運動・対米戦略など，広範な論争が両国の対立を深める契機となった。このことを何というか。

⓳ 中ソ対立

⓴ 1968年，ＷＴＯ軍の軍事介入によってチェコスロバキアの「人間の顔をした社会主義」が挫折した。ドプチェク政権が試みた改革を何というか。

⓴ プラハの春

㉑ 1972年にアメリカ大統領として初めて中国を訪問した人物は誰か。

㉑ ニクソン

㉒ 1975年，アルバニアを除く欧州諸国とアメリカ・カナダを加えた35か国が参加し開かれた，欧州の緊張緩和と安全保障についての会議を何というか。

㉒ 全欧安全保障協力会議（CSCE）

㉓ 全欧州安全保障協力会議が改組されて1995年に常設機関となった，アメリカ，ロシア，ＥＵなど57か国が加盟する組織は何か。

㉓ 欧州安全保障協力機構（OSCE）

㉔ 1985年以降，「新思考外交」を展開したゴルバチョフ

㉔ ペレストロイカ

共産党書記長（後に大統領）は，ソ連の改革に取り組んだ。この改革をロシア語で何というか。

㉕ゴルバチョフはペレストロイカと並行して取り組んだ「情報公開」をロシア語で何というか。

㉕グラスノスチ

㉖従来のイデオロギー対立から脱却し，核戦争や環境破壊など地球規模の課題解決を優先，東西両陣営の平和共存を図ろうとしたソ連のゴルバチョフ政権の対外政策を何というか。

㉖新思考外交

㉗1989年に始まり，改革派が政治の実権を握り，ソ連型の一党独裁体制を次々に放棄し，市場経済への移行などが行われた東欧諸国の一連の民主化の動きを一般に何というか。

㉗東欧革命

㉘1950年，**平和擁護世界大会**は核兵器の禁止を求め，その使用者を戦争犯罪人とみなすと表明した。のちに約5億人の賛同署名を得たこの訴えを何というか。

㉘ストックホルム・アピール

㉙1955年，著名人が連名で人類の存在を脅かす核兵器と戦争の禁止を求めた。1957年から開催されるパグウォッシュ会議の契機となったこの宣言を何というか。

㉙ラッセル・アインシュタイン宣言

㉚1979年，イスラーム法学者ホメイニを最高指導者とし，パーレヴィ国王政権を打倒した革命は何か。

㉚イラン革命

㉛1954年，アメリカが南太平洋のビキニ環礁で実施した水爆実験によって多くの人々が被ばくした。大量の死の灰を浴び，死者が生じた日本の漁船名は何か。

㉛第五福竜丸

㉜1954年の第五福竜丸のビキニ環礁での被ばくの翌年に，広島で開催された反核運動の大会を何というか。

㉜原水爆禁止世界大会

㉝核兵器不拡散条約（NPT）において，1967年1月1日前に核兵器その他の核爆発装置を製造し，かつ爆発させた国を何というか。

㉝核兵器保有国

㉞1969〜72年と，1972〜79年に行われた米ソ間の軍備管理交渉を何というか。

㉞SALT（戦略兵器制限交渉）

㉟1987年，米ソは西欧の中距離射程の核兵器を全廃する条約を締結し，翌年に発効させた。2019年に失効したこの条約は何か。

㉟中距離核戦力（INF）全廃条約

㊱保有する核兵器削減のため，1991年と1993年に米ソ（露）間で調印された条約は何か。

㊱戦略兵器削減条約（START）

㊲核爆発をともなう核実験を全面禁止する条約は，イン
ド，パキスタンが未署名，アメリカが未批准などのため
に未発効である。この条約は何か。

㊲ＣＴＢＴ（包括
的核実験禁止条
約）

㊳包括的核実験禁止条約（ＣＴＢＴ）が禁止の対象外と
している，爆発をともなわない核実験を何というか。

㊳未臨界核実験
（臨界前核実験）

㊴1972年に署名が開始された，細菌兵器や毒素兵器の
開発・生産・貯蔵等を禁止し，すでに保有されているこ
れらの兵器を廃棄するための条約は何か。

㊴生物兵器禁止条
約（ＢＷＣ）

㊵1993年に130か国が調印した，サリンなどの大量破
壊兵器に関する規制条約で，開発・生産・取得・保有・
移譲および使用を禁止した条約を何というか。

㊵化学兵器禁止条
約

㊶使用済み核燃料から取り出したプルトニウムとウラン
の混合酸化物燃料（ＭＯＸ燃料）を軽水炉で燃やし，**核
燃料サイクル**を実現する計画を何というか。

㊶プルサーマル計
画（核燃料サイ
クル構想）

㊷南米，東南アジア，アフリカ，オセアニアなど，核兵
器保有国が存在しない地域で結ばれている，核兵器の開
発・保有・配備を禁止する条約を何というか。

㊷非核地帯条約

㊸核兵器保有国の核戦力によって，非核兵器保有国が自
国の軍事的安全保障を図ることを一般に何というか。

㊸核の傘（拡大抑
止）

㊹1995年に二次冷却系からのナトリウム漏れ事故を起
こした，福井県敦賀市に設置されている高速増殖原型炉
を何というか。

㊹もんじゅ

㊺1979年にアメリカで起きた原子力発電所の事故を何
というか。

㊺スリーマイル島
原発事故

ランクＣ

❶アメリカが1965年にインドシナ半島の内戦に本格的
に介入し始め，1973年に撤退した戦争は何か。

❶ベトナム戦争

❷冷戦を主導するアメリカ，ソ連のどちらとも同盟を結
ばず，どちらの陣営にも属さない主義を持つ国々の首脳
による会議を何というか。

❷非同盟諸国首脳
会議

❸1954年，中国の周恩来とインドのネルーが会談して
合意した国際関係の原則を何というか。

❸平和五原則

❹1960年，国連総会で植民地独立付与宣言が採択され
た。この年を，17か国が相次いで独立した地域にちな
んで何というか。

❹アフリカの年

❺ 1985 年，アメリカのレーガン大統領とソ連の共産党書記長の首脳会談が行われ，軍縮交渉が進展した。冷戦を終焉させたこの書記長は誰か。

❺ゴルバチョフ

❻ 1990 年，パリで開かれた欧州安全保障協力会議（CSCE）において 34 か国間で調印された，ＮＡＴＯとワルシャワ条約機構の不戦宣言などを採択した憲章を何というか。

❻パリ憲章

❼ 1955 年のラッセル・アインシュタイン宣言に基づいて，1957 年にカナダで開催された会議を何というか。

❼パグウォッシュ会議

❽ 2010 年，米露首脳はプラハで，両国の核弾頭と運搬手段の制限を定める条約に署名，翌 2011 年に発効した。第一次ＳＴＡＲＴを引き継ぐこの条約の通称は何か。

❽新戦略兵器削減条約（新ＳＴＡＲＴ）

❾ 1997 年，地雷禁止国際キャンペーン（ＩＣＢＬ）が推進した条約が採択され，1999 年に発効した。米・露・中などが，まだ批准していないこの条約は何か。

❾対人地雷全面禁止条約（オタワ条約）

❿ 2007 年，ノルウェー政府は非人道的な**集束爆弾**の製造と使用を禁止する条約を提案した。2010 年に発効したが，米・露・中などが未加盟のこの条約は何か。

❿クラスター爆弾禁止条約

⓫欧州で，全欧安全保障協力会議（現在は欧州安全保障協力機構）を中心に，東西間の相互信頼を高めようとする軍備管理措置を何というか。

⓫信頼醸成措置（ＣＢＭ）

⓬通常兵器の輸出入や移転など国際取引の規制を目的に，2013 年の国連総会で採択された条約は何か。

⓬武器貿易条約

⓭核兵器製造に使われる高濃縮ウランやプルトニウムの生産・移動，技術供与を禁止し，核開発に歯止めをかけようとする，制定と採択が目ざされている多国間条約は何か。

⓭カットオフ条約（ＦＭＣＴ）

⓮ 1991 年 12 月にアルマアタ会議の協定に基づき，バルト三国とグルジアを除く旧ソ連の 11 か国が創設した体制は何か。

⓮独立国家共同体（ＣＩＳ）

⓯核保有国の持つ核兵器の量が増える「垂直拡散」に対し，核兵器を保有する国が増えることを何というか。

⓯水平拡散

⓰パキスタンの原爆製造の責任者であったカーン博士は，国際的な規制の網をかいくぐって，核関連物質と核技術の調達・販売のネットワークを築いたことを認め

⓰核の闇市場

た。このネットワークを何というか。

【リージョナリズムとグローバル化】

ランクA

❶EUやASEANに見られるように，地理的に近接した諸国が経済的・政治的に結合することによって各国の利益の実現を図ろうとする考えを何というか。

❷1967年，EECとEURATOM，ECSCが統合され，1968年から関税同盟や共通農業政策が実施されるようになった。欧州の経済統合を推進したこの組織は何か。

❸ECを母体に，1993年発行のマーストリヒト条約に基づいて通貨・経済統合を進め，最終的には政治的な統合もめざしてつくられた組織は何か。

❹マーストリヒト条約で日程や参加条件などが定められ，2002年から流通を開始したEUの共通通貨は何か。

❺2020年1月末，「ブレグジット（Brexit）」が完了した。この語句の意味を簡潔に答えよ。

ランクB

❶2009年12月のリスボン条約の発効により新設されたポストのうち，通称EU大統領と呼ばれるポストの正式名称は何か。

❷1997年，タイで始まり，韓国やインドネシアなどへと波及した約2年間の金融混乱を何というか。

❸2008年9月，アメリカの投資銀行の破綻による金融不安が日本に波及した。この世界的経済混乱を何というか。

ランクC

❶ローマ条約によって，原子力の平和利用と核物質の共同管理を目的として1958年に発足した組織を何というか。

❷1994年，ASEANはアジア・太平洋地域の政治・安全保障問題に関する政府間討議の場を設置した。日本など26か国とEUが参加するこの会合を何というか。

❸サンフランシスコ平和条約は，日本と西側諸国とのみが締結した講和条約であった。このような条約を全面講

❶地域主義（リージョナリズム）

❷欧州共同体（EC）

❸欧州連合（EU）

❹ユーロ（EURO）

❺イギリスのEU離脱

❶欧州理事会常任議長（EU理事会常任議長）

❷アジア通貨危機

❸世界金融危機（リーマン・ショック）

❶欧州原子力機関（EURATOM）

❷ASEAN地域フォーラム（ARF）

❸片面講和（単独講和）

和に対して何というか。

国際政治の現状と課題

ランクA

❶ 2001 年 9 月 11 日，ニューヨークの世界貿易センタービルと国防総省本庁舎に，アルカイーダがハイジャックした旅客機が突入し，多数の犠牲者を出した事件を何というか。

❷ 1947 年，国連はパレスチナをユダヤ人国家とアラブ人国家および国連管理下の国際都市エルサレムに分割する決議を採択した。この決議を何というか。

❸ 1973 年，エジプトのイスラエル攻撃によって始まり，第一次石油危機の引き金となった戦争は何か。

❹ 南アフリカ共和国で 1991 年まで実施された，参政権の制限，居住地区の指定強制などの有色人種に対する極端な隔離政策を何というか。

❺ 国境を超えていないことから条約上難民として保護されず，迫害や内戦で避難生活を余儀なくされた人々を何というか。

❻ サンフランシスコ講和条約と同時に，日本とアメリカの間で，防衛に関して締結された条約を何というか。

❼ 1956 年，鳩山一郎内閣とサンフランシスコ講和条約の調印を拒否したソ連が国交を回復するために発表した宣言は何か。

❽ 1965 年，佐藤栄作内閣は大韓民国との国交を正常化する条約を締結した。日韓併合条約の無効を確認し，大韓民国を半島の唯一の合法政府としたこの条約は何か。

❾ 1972 年，田中角栄内閣が中華人民共和国を訪れ，国交正常化を実現した。このときに発表された声明は何か。

❿ 1978 年に福田赳夫内閣が中華人民共和国との間に締結した，紛争を平和的手段で解決し，武力に訴えないという内容の条約を何というか。

⓫ 各国政府が，開発途上国や援助活動をしている国際機関に対して行う協力資金のことを何というか。

⓬ 1994 年に国連開発計画（ＵＮＤＰ）が提唱した概念で，

❶ アメリカ同時多発テロ事件（9・11 事件）

❷ 国連パレスチナ分割決議

❸ 第 4 次中東戦争

❹ アパルトヘイト（人種隔離政策）

❺ 国内避難民

❻ 日米安全保障条約

❼ 日ソ共同宣言

❽ 日韓基本条約

❾ 日中共同声明

❿ 日中平和友好条約（日中友好平和条約）

⓫ 政府開発援助（ＯＤＡ）

⓬ 人間の安全保障

従来の軍事力に頼った国家の安全保障ではなく，人間一人ひとりの生命や人権を大切にする安全保障のあり方を何というか。

⓭ 2015 年，ミレニアム開発目標（ＭＤＧｓ）の成果によって採択された，2030 年を達成目標とする開発目標を何というか。

⓭持続可能な開発目標（ＳＤＧｓ，グローバル・ゴールズ）

⓮国際人権規約の社会権規約（Ａ規約）および自由権規約（Ｂ規約）の第１条で保障されている，民族が自らの運命を決定する権利を何というか。

⓮人民の自決権

⓯ 2003 年，イラクの大量破壊兵器廃棄を名目に米英軍などがバグダッドを空爆，地上軍も投入して**フセイン**政権を倒した戦争を何というか。

⓯イラク戦争

ランクB

❶自国民に人権侵害などを行う国に対し，それを阻止する目的で外部から強制的に介入することを何というか。

❶人道的介入

❷第一次世界大戦中の 1915 年，イギリスはアラブ人に大戦終了後の独立国家承認の約束を与えた。これを何というか。

❷フサイン・マクマホン協定

❸第一次世界大戦中の 1917 年，イギリスはユダヤ人に大戦終了後のパレスチナでの国家建設の支持を表明した。この表明を何というか。

❸バルフォア宣言

❹ 1964 年，アラブ首脳会議においてイスラエルからのパレスチナ解放を目的とする組織が結成された。現在のパレスチナ自治政府の母体となった組織は何か。

❹パレスチナ解放機構（ＰＬＯ）

❺ 1993 年に結ばれた，対立していたイスラエルとＰＬＯが相互承認し，ガザ地区などでのＰＬＯの自治を認める協定の通称は何か。

❺パレスチナ暫定自治協定（オスロ合意）

❻単一民族国家に対し，複数の民族から構成される国家を何というか。

❻多民族国家

❼アフリカ系アメリカ人が人種差別の撤廃と法の下の平等，市民としての権利・自由を求めて行った，キング牧師の非暴力主義に基づく直接行動などの思想が広く運動の柱となった社会運動を何というか。

❼公民権運動

❽人間の文化は地理的・歴史的に多様であり，その価値

❽多文化主義（マ

に優劣はないとする考えは何か。

ルチカルチュラ
リズム，多文化
相対主義）

❾客観的な歴史的事実を無視した文献の作為的誤解釈や文書の偽造，自己イデオロギーに基づいて意図的に歴史を書き換える姿勢を何というか。

❾歴史修正主義

❿1951年に，国連全権会議が難民の保護のために採択した条約は何か。

❿難民の地位に関する条約（難民条約）

⓫難民条約には，亡命してきた難民を出身国に送り返すことを禁じる規定がある。この原則を何というか。

⓫ノン・ルフールマンの原則

⓬難民条約の加盟国を監督し，難民問題の解決にあたる国連機関は何か。

⓬国連難民高等弁務官事務所（UNHCR）

⓭各国家が国際社会において追求する国家的・国民的利益を何というか。

⓭国家利益（国益，ナショナル・インタレスト

⓮1992年から1995年まで，旧ユーゴスラビア解体後の独立をめぐってセルビア人，クロアチア人，ムスリムが衝突した紛争は何か。

⓮ボスニア紛争（ボスニア・ヘルツェゴビナ紛争）

⓯1999年，ＮＡＴＯ軍とフランスが「暴力行為を止め，人道上の悲劇を阻止するため」との名目でセルビアのコソボ自治州に対して空爆を行った。この人道的介入を何というか。

⓯コソボ紛争（ユーゴ爆撃）

⓰2002年，ポルトガル植民地だったこともあるインドネシアの州が独立し，国連に加盟した。2007年に大統領選挙，国民議会選挙を実施したこの国はどこか。

⓰東ティモール

⓱2014年，イスラーム教スンニ派の過激派組織がシリアで国家樹立を宣言した。この組織を何というか。

⓱イスラーム国（ＩＳ）

⓲貿易，科学技術，思想面などさまざまな側面で現れるアメリカ合衆国と中華人民共和国との争いを一般に何というか。

⓲米中対立

ランクC

❶1993年のパレスチナ暫定自治協定（オスロ合意），

❶ロードマップ

1995年のパレスチナ自治拡大協定を経て，国連などの仲介で2003年に提示された中東和平構想を一般に何というか。

❷諸人種の間には優劣の差があり，優秀な人種が劣等な人種を支配するのは当然であるといった思想を何というか。

❸ガンディーの影響を受け，人種差別の撤廃を求めて公民権運動を指導したアメリカ人のノーベル平和賞受賞者は誰か。

❹1967年に政府が表明した，共産圏，国連の決議で武器輸出が禁止されている国，国際紛争の当事国またはその恐れがある国に対して武器輸出を認めないという原則を何というか。

❺1960年，日本が基地用地を提供し，駐留経費は米国負担とする取り決めが締結され，国会で承認された。この在日米軍に関する条約を何というか。

❻1978年から，在日米軍の経費の一部を日本が負担するようになった。年に2000億円以上も計上されることがあるこの予算を何というか。

❼日米安保体制の適用範囲が「極東における平和と安全」から，「アジア太平洋地域の平和と安定」へと拡大された1996年の宣言を何というか。

❽2015年の安保法制の整備について，周辺事態法の「日本周辺」という地理的制約が取り外され，衣替えされた新しい法律の名称を答えよ。

❾2001年のアメリカ同時多発テロ事件後，**アメリカ**主導の対テロ戦争に向けて，日本が後方援助することを規定した法律は何か。

❿2015年に成立した**安全保障関連法**のうち，他国軍の後方支援を随時可能とする新法の名称を答えよ。

⓫2004年に成立した有事法制関連法の一つで，有事の際に国民の生命・財産などを守るための国の責務などを定めた法律を何というか。

⓬2014年に武器輸出三原則を見直して閣議決定された，国際条約違反国や紛争当事国への輸出を禁止すること。

❷人種主義

❸キング牧師

❹武器輸出三原則

❺日米地位協定

❻思いやり予算

❼日米安保共同宣言

❽重要影響事態法

❾テロ対策特別措置法

❿国際平和支援法

⓫国民保護法

⓬防衛装備移転三原則

輸出を平和貢献・国際協力に資する場合などに限定すること。目的外使用などについての管理を適正に行うこと。この武器輸出に関する新三原則を何というか。

⓭国家を持たない最大の民族として知られ，イラク，トルコ，シリア，イランにまたがる山岳地帯を中心に約3000万人が居住している。この民族を何というか。

⓭クルド人

⓮南シナ海における海上交通の要衝で，中国が人工島造成を進め，軍事拠点化を図るなど，東アジア最大の地域紛争の火種となった地域はどこか。

⓮南沙諸島（スプラトリー諸島）

⓯1994年，内戦により多数派のフツ族による少数派のツチ族への虐殺が起きた国はどこか。

⓯ルワンダ

⓰国家分裂による破綻で政府が全土を統治できず，近海では船舶への海賊行為が頻発した国はどこか。

⓰ソマリア

⓱自国民を保護する責任を果たす能力のない，またはは たしていない国家に対して，国際社会全体がその役割を担うという概念を表す言葉は何か。

⓱保護する責任

⓲1960年代の植民地独立運動を背景に開発途上国などで主張されるようになった，人民の自決権，発展の権利，平和的生存権，環境保全権など，個人よりも集団に重きをおいた権利を総称して何というか。

⓲第三世代の人権

⓳1992年，自衛隊を国連平和維持活動（PKO）に従事させるために制定・施行された法律は何か。

⓳国連平和活動等協力法（PKO協力法）

⓴不測の事態に際して内閣総理大臣の宣言により，内閣が法律と同等の効力を持つ政令を定めることができる（国会の承認は事後に得る）とする条項を何というか。

⓴緊急事態条項

㉑2015年，武力攻撃事態対処法が改正され，**集団的自衛権**の行使を可能とする事態が新設された。このような事態を何というか。

㉑存立危機事態

㉒現在採用されている，単年度ではなく一定期間の防衛費の総額を示すことで，防衛予算の膨張を抑制する方式を何というか。

㉒総額明示方式

㉓2017年，テロなどの組織犯罪防止を目的に組織犯罪処罰法を改正し，組織的かつ重大な犯罪を計画段階で処罰できるようにした罪状を何というか。

㉓テロ等準備罪（共謀罪）

❷❹最高裁が外国人の人権保障について，権利の性質上外国人に保障が及ばないとした人権を三つ答えよ。

❷❺国際社会における国家の主権概念のうち，対内的には最高・絶対の権力，対外的には不可侵で独立した権利を何というか。

❷❻冷戦終結後の国際政治は，イデオロギーや国家にかわって，文明を単位とした勢力間の対立を軸に再編されるというハンチントンらの主張を何というか。

❷❼ロシア南部にある共和国の分離・独立をめぐり，2次にわたる激しい戦闘が行われたが，2009年に終結が宣言された。同国とロシアとの争いを何というか。

❷❽スペイン北部に居住する少数民族による独立活動を何というか。

❷❾2011年にスーダンからの分離・独立を果たし，新生国家の体制づくりに着手したものの，指導者間の派閥抗争が勃発し内戦に発展した。この内戦を何というか。

❸⓿2014年，ロシアはある地域のウクライナからの独立を承認したうえで，ウクライナの同意なく同地域をロシアに編入した。この地域はどこか。

❸❶中国や北朝鮮を念頭に，他国領域からのミサイルが発射される前に，発射拠点や司令部を攻撃する対処・抑止力を何というか。

❷❹入国・再入国の自由，参政権，社会権

❷❺独立性（最高独立性）

❷❻文明の衝突

❷❼チェチェン紛争

❷❽バスク独立運動

❷❾南スーダン内戦

❸⓿クリミア半島

❸❶敵基地攻撃能力

4　現代の経済社会と国民生活

私たちの経済活動 --

【経済活動と消費者・職業選択】

> ランクA

❶人間生活に必要な財やサービスの**生産・分配・消費**など，社会を維持するための社会のしくみを何というか。

❷「**安全である**」，「**知らされる**」，「**選ぶ**」，「**意見を聞いてもらう**」という四つからなる，アメリカのケネディ大統領が 1962 年に提唱した権利を何というか。

❸健康や生命にかかわる危険な商品によって消費者が危害を受けない権利を何というか。

❹商品選択の際に，正しい表示がなされ，適切な情報を消費者が知ることができる権利を何というか。

❺消費者が自己の意思で自由に商品を選択できる権利を何というか。

❻消費者が企業や消費者相談窓口などに被害や苦情を申し出たときに，適切な対応がとられる権利を何というか。

❼消費者が，商品を購入し消費・使用する過程で直面する，さまざまな問題を何というか。

❽市民が消費者の権利を主張し，消費生活の向上などを生産者や政府に要求する運動を何というか。

❾商品の生産・流通・消費に関する決定権を，消費者が主体的に行使するべきだという考え方を何というか。

❿二人以上の当事者同士が合意することで成立し，法的な権利や義務が生じる約束を何というか。

⓫職業生活を中心として，自らの生涯を通じて追求する経歴を何というか。

⓬学生が，自らの適性を知り職業意識を深めるために，在学中の一定期間，企業などで就業する実習制度を何というか。

❶経済

❷消費者の権利（消費者の四つの権利）

❸安全である権利

❹事実を知らされる権利

❺選ぶ権利

❻意見を反映できる権利

❼消費者問題

❽消費者運動（コンシューマリズム）

❾消費者主権

❿契約

⓫キャリア

⓬インターンシップ

⓭国籍，性的指向，価値観，障がい，宗教などさまざまな人々が集まった状態を意味し，雇用機会の均等や多様なあり方を認めることを何というか。　⓭ダイバーシティ（多様性）

⓮市民の社会参加の一環として，原則として無報酬で，自発的に労役奉仕する活動や人を何というか。　⓮ボランティア

⓯収入の種類には勤労，個人事業，財産，移転によるものがあるが，これらを総称して何というか。　⓯所得

ランクB

❶ある経済行為を選択することで失われる，他の経済活動を選択した場合に得られたであろう最大収益を何というか。　❶機会費用

❷個人の身分や財産に関する私法上の法律関係を，個人の自由な意思によって規律させることを何というか。　❷私的自治

❸個人が社会生活を営むにあたって結ぶ契約は，公の秩序などに反しない限りは，契約当事者の自由な意思によって決定されることを何というか。　❸契約自由

❹2004年，消費者保護基本法が改題，抜本改正された。消費者の権利を明記し，国や自治体，事業者に消費者政策を推進する責務を課すこの法律は何というか。　❹消費者基本法

❺2009年，新しい消費者行政を推進するために，内閣府の外局として新設された省庁は何というか。　❺消費者庁

❻消費者保護基本法を受けて，自治体の責務を果たすために消費生活センター（消費者センター）が設置された。国の責務を果たす機関は何か。　❻国民生活センター

❼訪問販売などで結んだ契約を，一定期間内であれば一方的に取り消せる制度を何というか。　❼クーリング・オフ

❽ガルブレイスが『豊かな社会』において指摘した現象で，宣伝・広告などを通じて消費者の欲望自体が操られる現象を何というか。　❽依存効果

❾個人の消費行動につられて商品を購入する消費者行動を何というか。　❾デモンストレーション効果

❿1994年，製造物の欠陥により被害を受けた消費者を保護する法律が制定され，翌年施行された。企業の過失の有無にかかわらず賠償責任を課すこの法律は何か。　❿製造物責任法（PL法）

⓫2000年，不公正，不当な契約の無効，取り消しを規　⓫消費者契約法

定した消費者を保護する法律が制定された。翌 2001 年に施行されたこの法律は何か。

⓬各都道府県などに設けられ，消費生活に関する相談・苦情処理，商品に関する各種テストなどの業務を行い，中央の国民生活センターとも連携体制を確立している組織を何というか。

⓬消費生活センター（消費者センター）

⓭2000 年，「訪問販売等に関する法律」を改題，拡充した法律が制定された。問題が生じやすい 6 種類の取引に一定の基準や規制を定めたこの法律は何か。

⓭特定商取引法

⓮学生でもなく職業訓練も受けていない失業状態にある若者を，イギリス発祥の言葉で何というか。

⓮ニート（ＮＥＥＴ，若年無業者）

▶ランクC◀

❶食の安全を確保するため，食品などがいつ，どのような経路で生産・流通されたのか，全履歴(りれき)を明らかにするしくみを何というか。

❶トレーサビリティ

❷食品偽装表示や残留農薬などの食品に関する問題発生を受けて，2003 年に制定された法律を何というか。この法律に基づき，食品安全委員会が内閣府に設置された。

❷食品安全基本法

❸欧米では，欠陥の事実が確認されなくても，説明書どおりに使用して事故にあった場合には，製品に欠陥があったと見なされる。これを法的に何というか。

❸欠陥の推定

❹認知症などで，判断力が著しく衰えた人を支援するために，裁判所が代理人を指定する制度を何というか。

❹成年後見制度

❺不正行為を外部に通報した内部告発者を保護するため，2004 年に制定された法律を何というか。

❺公益通報者保護法

❻多重債務問題や自己破産の増加を背景に，2006 年に貸金業法が改正され，総量規制の導入や上限金利の引き下げが行われた。このとき撤廃された金利差は一般に何と呼ばれたか。

❻グレーゾーン金利

❼複数の金融業者などから多額の借り入れをすることで，返済が困難になる問題を何というか。

❼多重債務問題

❽財産や収入が不足して借金の返済ができなくなったとき，裁判所に申立てをして，借金の返済を免除してもらうことを何というか。

❽自己破産

❾一般消費者を対象にして，その商法自体に違法または

❾悪質商法

94

不当な手段・方法が組み込まれており，社会通念上の限度を超えて不当な利益を得る商法を何というか。

❿いったん成立した契約に対して，法律で定められている場合，権利を持っている当事者が申し立てをすることで，初めにさかのぼってその契約を無効にすることを何というか。 ❿契約の取り消し

⓫事業者が消費者と契約を結ぶとき，重要事項について客観的事実と異なる説明をすることを何というか。 ⓫不実告知

⓬消費者が勧誘場所から退去したいと意思表示をしたにも関わらず，事業者が消費者を退去させずに契約を結ぼうとすることを何というか。 ⓬退去妨害

⓭内閣総理大臣が認めた消費者団体が，消費者を代表して差止請求や被害回復請求を行う制度を何というか。 ⓭消費者団体訴訟制度

⓮商品の価値は人間の合理的満足度によって規定されるとする考え方を何というか。 ⓮限界効用価値説

【国民経済とそのしくみ】

ランクA

❶一国全体の経済活動を何というか。 ❶マクロ経済

❷一国の経済活動をとらえるための指標の一つで，消費や所得について一定期間（3か月や1年など）の財貨・サービスの経済量・流れを示す概念を何というか。 ❷フロー

❸ある時点における，一国の経済の資産（実物資産＋国内金融資産＋対外純資産）の総額を何というか。 ❸ストック（国民資産）

❹国民が，1年間に市場で販売した財とサービスの総額から中間生産物の総額(中間投入額)を差し引いたフローの統計は何というか。 ❹国民総生産（GNP）

❺GNPを所得面からとらえた統計を何というか。 ❺国民総所得（GNI）

❻GNPから固定資本減耗と間接税を差し引き，補助金を加えた統計を何というか。 ❻国民所得（NI）

❼GNPから海外からの純所得（海外からの所得－海外への所得）を引いて算出される統計は何というか。 ❼国内総生産（GDP）

❽一国の国民経済の規模（GDPやNI）が，量的に年々増加することを何というか。 ❽経済成長

❾物価変動を考慮しない，市場価格のままで算出される ❾名目経済成長率

経済成長率を何というか。

❿物価変動を考慮するために「名目ＧＤＰ÷物価デフレーター」の数値を用いて計算した経済成長率を何というか。　❿実質経済成長率

⓫資本主義経済には，経済活動の周期的な活況・停滞が避けられない。この現象を何というか。　⓫景気循環（景気変動）

⓬景気循環の四局面の一つで，商品価格の上昇，利潤の増大，生産活動の活発化と雇用拡大など，循環の谷（ボトム）から山（ピーク）への局面を何というか。　⓬好況

⓭景気循環の四局面の一つで，生産活動が落ち込み，企業の倒産や失業者の増大などが続く状態を何というか。　⓭不況

ランクB

❶国内総生産（ＧＤＰ）を人口で割ることで得られる統計値を何というか。　❶一人あたりＧＤＰ

❷一国の経済の原動力は，ストックから国内金融資産を差し引いた総額である。この正味資産を何というか。　❷国富(国民資本)

❸ＧＮＰから，固定資本減耗（減価償却費）を引いた統計を何というか。　❸国民純生産（ＮＮＰ）

❹物価水準の変動を考慮に入れないＧＤＰ（国内総生産）を何というか。　❹名目ＧＤＰ

❺物価水準の変動を考慮し，その影響を差し引いたＧＤＰ（国内総生産）を何というか。　❺実質ＧＤＰ

❻国民所得を生産・分配・支出の三つの面でとらえるとき，それぞれの総額が等しいことを何というか。　❻三面等価の原則

❼景気循環の四局面の一つで，生産活動や雇用，物価が下り坂に向かう状態を何というか。　❼後退

❽景気循環の四局面の一つで，不況から立ち直り，生産活動や雇用などが再び上り坂に向かう状態を何というか。　❽回復

❾経済原則の一つで，最小の資源と費用で最大の効果をあげることを何というか。　❾効率性（効率の原則）

❿経済原則の一つで，人々の欲求を不公平が生じないように実現することを何というか。　❿公平性（公平の原則）

⓫景気循環の過程では，多くの企業が淘汰される。健全企業が，利益を蓄積して成長することを何というか。　⓫資本の集積

⓬景気循環の過程で，大企業が弱小企業を吸収して成長　⓬資本の集中

する現象を何というか。

⓭GNPに家事労働や余暇活動などを加え，公害などを引くことで数値化した統計は何か。

⓮国連が提唱する，一国の資源浪費や環境破壊など地球環境への寄与を算入した経済指標を何というか。

⓭国民福祉指標（国民純福祉，NNW）

⓮グリーンGDP（環境調整済国内純生産：EDP）

ランクC

❶国民総生産（GNP）を支出面からとらえた統計を何というか。

❷生産の過程で，他の財貨を生産するために投入された原材料などを何というか。

❸実質経済成長率は名目経済成長率から何を控除したものか。

❹財（貨）・サービスを生産するときに使われる資源の総称を何というか。

❺個人消費や国内総資本形成，政府最終消費別の状態や動向など，支出の側面から表す国民所得を何というか。

❻雇用主や事業主などの社会構成の変化を示し，各経済主体が受け取った所得・賃金・地代・利子・利潤の総額を表す国民所得を何というか。

❼政府による公共投資が，波及効果によってもとの数倍の国民所得をもたらすという現象を何というか。

❽名目国民所得を実質国民所得に変換する際に，除数となる物価変動指数を何というか。

❾周期が15〜20年で，住宅投資の変動が原因とされる波動を何と呼ぶか。

❿景気変動の周期がおおよそ40か月と最も短く，生産や流通，販売の備えである在庫投資の増減が原因とされる波動を何と呼ぶか。

⓫景気変動の主循環で，工場や機械の更新や増設の設備投資の変動が原因とされる8〜10年周期の波動を何と呼ぶか。

❶国民総支出（GNE）

❷中間投入（中間生産物，中間財）

❸物価変動率

❹生産要素

❺支出国民所得

❻分配国民所得

❼乗数効果

❽デフレーター

❾クズネッツの波（クズネッツ循環）

❿キチンの波（キチン循環）

⓫ジュグラーの波（ジュグラー循環）

⓬周期が50〜60年と最も長く，技術革新や資源開発が原因とされる波動を何と呼ぶか。 ⓬コンドラチェフの波（コンドラチェフ循環）

⓭その経済に属するすべての人が消費・利用することができ，ある人が消費しても，それによって他の個人の消費が妨げられることがないという公共財の性質を何というか。 ⓭非競合性

⓮いったん供給されると，対価を支払わない人を消費から排除することができないという公共財の性質を何というか。 ⓮非排除性

経済社会のしくみと役割
【市場の機能と限界】
ランクA

❶財（貨）・サービスが経済主体間で生産→分配→消費と流れ，それが再び生産に戻る一連の流れを何というか。 ❶経済循環

❷生産者・消費者が，貨幣を仲立ちとして，財やサービスを交換する場を何というか。 ❷市場

❸人間が自然物を加工し，価値のあるものをつくりだす行為を何というか。 ❸生産

❹人間が生活のために財・サービスを使い果たすことを何というか。 ❹消費

❺経済主体のうち，資金や労働力を調達し，利潤獲得を目的として生産・流通の担い手となるのは何か。 ❺企業

❻経済主体のうち，労働力を提供して賃金を受け取り，消費の担い手となるのは何か。 ❻家計

❼経済主体のうち，税や補助金，公共財などを活用することで，生産・流通・消費の調整を行うのは何か。 ❼政府

❽消費者が，市場で商品を求める行為を何というか。 ❽需要

❾生産者が，市場に商品を提供することを何というか。 ❾供給

❿需要が供給を上回る状態を何というか。 ❿需要超過（超過需要）

⓫供給が需要を上回る状態を何というか。 ⓫供給超過（超過供給）

⓬価格の変動が，社会の生産量，消費量の調整（価格の ⓬価格機構（市場

自動調節機能）を通じて，資源の適正配分を実現する働きを何というか。

⓭経済活動において，各人はそれぞれの利益を追求しているのに，自然と最適の状態に達する。これを「見えざる手」と呼んだ「経済学者の父」は誰か。

⓮自由競争市場では，需給関係で価格が変動する。同時にその価格が需給の過不足を調節して均衡させる働きをもっている。この価格の自動調節機能をアダム＝スミスは何と呼んだか。

⓯アダム＝スミスが古典派経済学を創始したとされている。18世紀後半に出版された，市場メカニズムの有用性を説いた代表的著作は何か。

⓰財やサービスの販売額から費用を差し引いた差額が資本の収入となる。この利得を何というか。

⓱市場に供給される財・サービスの価格と，その供給量との関係を図示したものを何というか。

⓲市場で需要される財・サービスの価格と，その需要量との関係を図示したものを何というか。

⓳18世紀後半のイギリスでは，蒸気機関の導入などによって生産力が増大する反面，労働環境の悪化などの問題が生じた。この社会的変化を何というか。

⓴1929年，ニューヨーク株式市場の株価が暴落した。その後数年間の世界経済の深刻な混乱を何というか。

㉑アメリカのF.ローズベルトは，世界恐慌克服のためにTVA（テネシー渓谷開発公社）を設立し，社会保障法，ワグナー法を制定した。この政策の総称を何というか。

㉒ニューディール政策のうち，直接的に有効需要の創出に効果を発揮した政策名は何か。

㉓道路や上下水道，警察や防衛など，市場経済になじまない政府の経済活動を何というか。

㉔ある企業一社のみが商品を供給し，市場を支配している状態を何というか。

㉕広い意味では独占であるが，少数の企業のみが商品を供給している状態を特に限定して何というか。

機構）

⓭アダム＝スミス

⓮「見えざる手」

⓯『諸国民の富』（『国富論』）

⓰利潤

⓱供給曲線

⓲需要曲線

⓳産業革命

⓴世界恐慌（世界大恐慌）

㉑ニューディール政策

㉒テネシー渓谷開発公社（TVA）

㉓公共財（公共サービス）

㉔独占

㉕寡占

❷❻ 1947 年，不公正な取引などを禁止する法律が制定された。自由競争の維持を目的とするこの法律は何か。

❷❻独占禁止法

❷❼生産手段の私的所有と利潤追求の自由が制度的に保障され，社会的分業が高度に発達した社会を何というか。

❷❼資本主義社会

❷❽『雇用・利子および貨幣の一般理論』を著し，政府の有効需要の調整による完全雇用の実現を主張したイギリスの経済学者は誰か。

❷❽ J．M．ケインズ（ケインズ）

❷❾財政規模が拡大し，私企業による自由な経済活動と，政府による公的な経済活動が併存する経済体制を何というか。

❷❾混合経済

❸❿景気安定や福祉充実などを積極的に行う政府は，財政危機に陥ると批判され，どのように呼ばれるか。

❸❿大きな政府

ランクB

❶生産・流通・消費などを行う経済活動の担い手は三つに分類される。総称して何というか。

❶経済主体

❷商品への嗜好，購入者の人口や所得などの変化によって需要曲線も変化する。こうしたことを何というか。

❷需要曲線のシフト

❸天候による農産物への影響，技術革新，生産量の変化によって供給曲線も変化する。こうしたことを何というか。

❸供給曲線のシフト

❹市場占有率が高く，他の企業が追随せざるを得ないように価格を管理する企業を何というか。

❹価格先導者（プライス・リーダー）

❺少数の大企業によって市場が支配される状態（**寡占市場**）で，有力メーカーが決定した価格に他が追従する特殊な価格形成の傾向および行動様式を何というか。

❺価格先導制（プライス・リーダー制）

❻市場が寡占状態であり，需給関係を無視して一定の高利潤を確保できるように有力企業がプライス・リーダーとなって，他企業がそれにならう価格を何というか。

❻管理価格

❼管理（独占）価格は，コストや需給の変動があっても価格が下がらない傾向にある。この特性を何というか。

❼価格の下方硬直性

❽市場の働きによって自動的に需要と供給が調節される経済システムを何というか。

❽市場経済

❾需供曲線の交点（均衡点）で成立する取引量を何というか。

❾均衡取引量

❿完全競争市場では，理論上，ある一時点において成立する同一財の価格は同じになる。この法則を何というか。

⓫需要は，消費や投資の活発さによって左右される。貨幣支出の裏づけのある需要を何というか。

⓬独占，公共財，外部不（負）経済のように，市場の資源配分機能が働かない場合を何というか。

⓭他の経済主体の経済活動が，市場における取引きを通さず直接によい影響を与えることを何というか。

⓮公害や環境破壊のように，他の経済主体に不利益をもたらす経済活動を何というか。

⓯独占禁止法を運用する国の行政委員会を何というか。

⓰財（貨）を生産するのに必要な労働力や土地・工場・機械・原材料などを総称して何というか。

⓱商品の価値は生産に費やされた労働量によって規定されるとする古典学派の価値論を何というか。

⓲資本の集積・集中が進み，少数の巨大企業や金融資本が一国の経済に支配的な力をもつ資本主義の段階を何というか。

⓳自由放任（レッセ・フェール）の考えを改め，社会的責任を重視した企業経営によって資本主義の欠陥を是正しようとする考えを何というか。

⓴1993年の憲法改正によって，中国は社会主義経済の枠内で私的な経済活動を認めるようになった。この特有の経済形態を何というか。

㉑旧ソ連では，中央機関が指令を出し，資源，労働力の配分などが操作された。このような経済を何というか。

㉒資本主義経済が抱える恐慌などの諸問題を克服し，貧富の格差のない社会をめざした経済体制を何というか。

㉓ケインズの有効需要政策を批判し，市場に供給される通貨量のコントロールを重視する経済学の立場を何というか。アメリカのレーガン・ブッシュ（父子）政権，イギリスのサッチャー政権などで取り入れられた。

㉔マネタリズムの立場をとり，主著『資本主義と自由』で「大きな政府」を批判した，アメリカの自由主義経済

---

❿一物一価の法則

⓫有効需要

⓬市場の失敗（市場の限界）

⓭外部経済（正の外部効果）

⓮外部不経済（外部負経済，負の外部効果）

⓯公正取引委員会

⓰生産手段

⓱労働価値説

⓲独占資本主義

⓳修正資本主義

⓴社会主義市場経済

㉑計画経済

㉒社会主義経済

㉓マネタリズム

㉔フリードマン

学者は誰か。

㉕シュンペーターは，画期的な新技術や新素材開発が，生産・消費活動を通じて社会全体に「創造的破壊」を及ぼす現象を指摘した。どのように表現したか。

㉕技術革新（イノベーション，新機軸）

㉖再生産の種類の一つで，利潤の一部が新たな資本として投入（更新投資＋純投資）され，前回を上回る生産を実現することを何というか。

㉖拡大再生産

㉗日本の国富で約3分の1を占める実物資産は何か。

㉗土地

㉘可処分所得から消費を差し引いた残りを何というか。

㉘貯蓄

㉙個人所得のうち，所得税などの公的支出を差し引いた，個人が自由に支出できる部分を何というか。

㉙可処分所得

㉚人間が財やサービスを生産するために費やす精神的，肉体的な諸能力を何というか。

㉚労働力

㉛マルクスは，資本主義経済の下では，労働者は労働力を売って生活せざるを得ないため，労働の本来の意味が失われ，人間としての尊厳も失われてしまうと考えた。この状況を何というか。

㉛疎外された労働

㉜マルクスは，資本主義経済において，**生産手段をもつ**社会階級を何といったか。

㉜資本家階級

㉝マルクスは，資本主義経済において，**労働力を売って**生活せざるを得ない社会階級を何といったか。

㉝労働者階級

㉞人間の欲求（ニーズ）を満たすもので，売買の対象となる財を何というか。

㉞経済財

㉟機械設備や原材料など，企業の生産過程で使用される財を何というか。

㉟生産財

㊱食料や自家用車など，家計で消費される財を何というか。

㊱消費財

㊲テレビ・洗濯機・冷蔵庫などのように購入してから数年以上使用できる消費財を何というか。

㊲耐久消費財

㊳財やサービスのみならず，人間の労働力までもが売買の対象として，貨幣を仲立ちに交換される経済社会を何というか。

㊳商品経済（資本主義経済）

㊴19世紀中頃までの**自由放任主義段階**の資本主義経済を何というか。

㊴産業資本主義

㊵政府の経済政策が，かえって望ましくない結果をもた

㊵政府の失敗

らすことを何というか。

ランクC

❶取引きにおける売り手と買い手の商品や契約内容の知識（情報）量の隔たりに起因する問題を何というか。消費者が品質の劣った商品を選ぶ逆選択などが生じやすい。

❷完全競争市場において，需要と供給が一致した時に成立する価格を何というか。

❸製品技術が同質化する寡占市場において，品質・デザイン・商標・パッケージなどの製品の差別化によって，価格以外の面で行われる企業間競争を何というか。

❹市場で価格決定に大きな影響を与える売り手（あるいは買い手）がいる市場を何というか。

❺需要曲線と供給曲線が交差する点を何というか。

❻図中のＯＦＥＧで囲まれた四角形の面積（価格×数量の積）は，この市場において何を意味するか。

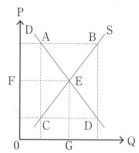

❼需給曲線において，価格の変化に対して需要がどのように反応するかを知るために注目すべきものは何か。

❽需給曲線において，価格の変化に対して供給がどのように反応するかを知るために注目すべきものは何か。

❾資本主義成立期に賃金労働者を生みだした要因の一つ。領主が農民を追放し，耕地を私有地化して毛織物業のための牧羊地にしていった歴史的過程を何というか。

❿自由放任主義にかわり，国家が経済に積極的に介入し，

❶情報の非対称性

❷均衡価格

❸非価格競争

❹不完全競争市場

❺均衡点

❻取引総額

❼需要曲線の傾き（需要曲線の弾力性）

❽供給曲線の傾き（供給曲線の弾力性）

❾囲い込み運動（エンクロジャー・ムーブメント）

❿『雇用・利子お

貨幣による裏づけのある需要を創出して完全雇用をめざす政策を説いたケインズの主著は何か。

およひ貨幣の一般理論』

⓫国際金融取引で投機化した 1980 年代以降の資本主義の現状を，イギリスの政治経済学者ストレンジが博打に例えて名づけた言葉は何か。

⓫カジノ資本主義

⓬物を生産するための原料や工場・機械などを，一部の人が独占するのではなく，国や労働者などで共有することを何というか。

⓬（生産手段の）社会的所有

⓭イノベーションこそが経済発展の原動力であると説いたオーストリア生まれの経済学者は誰か。

⓭シュンペーター

⓮1978 年から現在まで進められている，市場経済や外国資本・技術の導入などを柱とする中国の経済政策を何というか。

⓮改革・開放政策

⓯1997 年の香港返還の際，中国は 50 年間の資本主義体制の継続を保証した。**マカオ**にも適用された，一国のなかで異なる制度を併存させ，高度な自治を認めるこの制度を何というか。

⓯一国二制度（一国両制）

⓰1986 年，ベトナムは市場経済の導入と対外的な市場開放を実施した。1990 年代以降，外国企業の旺盛な工場進出を実現したこの政策を何というか。

⓰ドイモイ（刷新）

⓱トマ＝ピケティが，世界的な経済格差拡大のあり様を「r＞g」（r：富裕層が投資から得る平均収益率と g：一般人の所得の平均伸び率を比較）の法則として示した著書名は何か。

⓱『21 世紀の資本』

⓲ある財（貨）について，供給者と需要者が多数存在し，個々の参加者の市場全体に対する影響力が少ないため，それぞれが市場価格に従って行動し，市場参入が自由に行われる市場を何というか。

⓲完全競争市場

⓳公共財（灯台など）の利用について，対価を支払わないでサービスを消費する者を何というか。

⓳フリーライダー（ただ乗り）

⓴加入と脱退が自由な保険制度において，有利な条件の加入者（例えば自己管理できる丈夫な人）が減少し，不利な条件の加入者（例えば生活習慣病の予備群）ばかりになることを何というか。

⓴逆選択

㉑遊休資産等の有効活用を目的に，個人等が保有する活

㉑シェアリング -

用可能な資産を，インターネットを介して他の個人等に提供する新しいタイプの経済活動を何というか。｜エコノミー

㉒生産年齢人口（15～64歳）に対する**従属人口**（年少人口＋老年人口）の比率が相対的に低下し（例えば生産年齢人口が従属人口の2倍以上ある状態），経済成長を促すことを何というか。｜㉒人口ボーナス

【金融と財政のはたらき】

▶ ランクA ◀

❶貸し手と借り手の間で通貨を融通することで，余裕資金を資本に転化する経済行為を何というか。｜❶金融

❷**銀行**などの金融機関から借り入れることで行う資金調達を何というか。｜❷間接金融

❸企業が，銀行などを介さずに，株式や社債などを発行して行う資金調達を何というか。｜❸直接金融

❹銀行が，金融システムの中でその預金量以上に貸付を行うことを何というか。｜❹信用創造

❺家計が諸支払いの引き落としなどのために設ける口座がある。この低利子の預金を何というか。｜❺普通預金

❻企業などが，手形や**小切手**を利用するために設ける銀行口座がある。この利子のつかない預金を何というか。｜❻当座預金

❼当座預金や普通預金など，支払い手段として用いられ，通貨の代わりをする預金を何というか。｜❼預金通貨（要求払預金）

❽政府や中央銀行が，金融システムの安定と景気対策のために，通貨量の調整などを行う政策を何というか。｜❽金融政策

❾日本国政府が発行する**現金通貨**を何というか。｜❾硬貨（補助貨幣）

❿**貨幣**は価値尺度，交通手段，支払い手段，貯蔵手段の機能を有する。**紙幣**を含む別称を何というか。｜❿通貨

⓫発行済みの**紙幣**と**補助貨幣**をあわせて何というか。｜⓫現金通貨

⓬国の金融の中枢機関で，一国の通貨制度の中心として通貨の発行のほか，金融政策による資金量の調節や信用調節を行う銀行を何というか。｜⓬中央銀行

⓭日本銀行による**金融市場調節**の主な操作手段で，国債などの有価証券の売買による市場操作を何というか。｜⓭オペレーション（オープン・マーケット・オペレーション）

⓮公開市場操作で，資金量の拡大をはかるために行うものを何と呼ぶか。

⓮資金供給オペレーション（買いオペレーション）

⓯金融市場のうち，株式や債券などの有価証券が取引される市場を何というか。なお，この市場には発行市場と流通市場とがある。

⓯証券市場

⓰日銀が，好況やインフレの際に実施するのは資金吸収オペレーションか，資金供給オペレーションか。

⓰資金吸収オペレーション（売りオペ，資金吸収オペ）

⓱不換紙幣には，必要な流通量を自動的に調節する機能がないため，各国の中央銀行が供給量を管理している。このような通貨制度を何というか。

⓱管理通貨制度

⓲通貨の流通量が，政府の金保有量に制約されていた時代がある。この通貨制度を何というか。

⓲金本位制度（金本位制）

⓳金本位制の下では，金などの貴金属との交換を保証された紙幣が流通していた。この紙幣を何というか。

⓳兌換紙幣

⓴現在の日銀券には金の裏づけがない。このような貴金属と交換できない紙幣を何というか。

⓴不換紙幣

㉑物価の安定と金融システムの安定を目的とする日本の中央銀行の名称を何というか。

㉑日本銀行

㉒日本銀行が市中銀行に資金を貸し出す際の利子率で，現在は基準貸付利率と呼ばれる金利は，かつて何と呼ばれていたか。

㉒公定歩合

㉓不換紙幣が流通する管理通貨制の下で，財・サービス以上に通貨が増えて物価上昇が続くことを何というか。

㉓インフレーション（インフレ）

㉔累進課税制度や社会保障制度など，財政の活動自体に組み込まれている景気の「自動安定（化）装置」を何というか。

㉔ビルト・イン・スタビライザー（景気安定化機能）

㉕財政には，富の平等を図る所得再分配機能や経済の安定を図る景気調整機能がある。政府が，公共財の提供で資本や労働を振り分ける機能は何か。

㉕資源配分の調整（資源の最適配分機能，資源の適正配分機能，

資源配分機能）

㉖金銭の収支や財産の変動を中心に，一定期間の経済活　　㉖会計
動を貨幣数量によって記録・計算する業務を何というか。

㉗国や地方自治体における一会計年度の収入の総計を何　　㉗歳入
というか。

㉘国や地方自治体における一会計年度の支出の総計を何　　㉘歳出
というか。

㉙政府の経済的な活動のために，企業や家計から強制的　　㉙租税
に徴収する金銭を何というか。

㉚租税のうち，納税先が中央政府である税を何というか。　㉚国税

㉛自治体が，財源とするために徴収する**市町村民税**，固　　㉛地方税
定資産税などの租税を何というか。

㉜1989 年，**竹下登内閣**の時に直間比率見直しのために　　㉜消費税
導入された間接税は何か。

㉝政府が収入の不足を補うために発行する債券を何とい　　㉝国債（公債）
うか。

ランクB

❶現金や預貯金に加え，株式，保険，年金資産など，現　　❶金融資産
金化できる資産（総資産のうち，実物資産以外の資産）
を総称して何というか。

❷政府の経済活動における収入を**歳入**，支出を**歳出**とい　　❷財政
う。年度計画で執行されるその見積もりを**予算**という
が，こうした政府の経済的な活動は何というか。

❸**市場機構**による所得分配を，財政の機能として，所得　　❸富の再分配（所
移転を通じて分配しなおすことを何というか。　　　　　　得の再分配）

❹財政の機能の一つで，総需要の意図的な調節ないし自　　❹景気の安定（景
動安定化装置により期待される効果を何というか。　　　　気の調整）

❺アメリカの財政学者マスグレイブが分類した財政機能　　❺景気安定化機能
の一つで，財政収支によって好況・不況時の景気を調整
することを何というか。

❻分散型台帳技術（ブロックチェーン）を使った資金の　　❻暗号資産（仮想
決済手段で，独自の通貨単位をもつ電子資産を何という　　通貨）
か。

❼日銀は，市中銀行の預金の一定割合を強制的に預けさ　　❼預金準備率操作
せる。その割合を上下させる政策を何というか。

❽消費者金融のように，預金を集めることなしに貸し出しを行う金融機関を何というか。	❽ノンバンク
❾日本銀行の最高意思決定機関を何というか。	❾日本銀行政策委員会
❿信用秩序を維持するため，市中銀行は預金の一定割合を日銀に強制預金している。この制度を何というか。	❿預金準備制度
⓫日本銀行による金融政策の主目的で，一般物価を適切な範囲に調節するという役割を何というか。	⓫物価（通貨価値）の安定
⓬不況対策の金融政策を総称して何というか。	⓬金融緩和政策
⓭政府の通常の活動にともなう会計を何というか。	⓭一般会計
⓮政府が，特別な事業を行うための会計を何というか。	⓮特別会計
⓯郵便貯金，簡易保険金，年金積立金などを原資として，「第二の予算」とも呼ばれる融資のための会計は何か。	⓯財政投融資
⓰相続税のような，納税者と租税負担者が同一の経済主体である租税を何というか。	⓰直接税
⓱直接税のうち，1年間の個人所得を基準として課せられる税を何というか。	⓱所得税
⓲直接税のうち，企業の所得を基準として課せられる税を何というか。	⓲法人税
⓳揮発油税のような，納税者と租税負担者が異なる租税を何というか。	⓳間接税
⓴所得税や相続税は，課税標準額が増えると税率が上がっていく。このような税のしくみを何というか。	⓴累進課税制度
㉑直接税や社会保障などの財政活動により，高所得者から低所得者に富や所得を移転する機能を何というか。	㉑所得再分配機能
㉒公債のうち，国が発行するものを国債というが，地方公共団体が発行するものを何というか。	㉒地方債
㉓一般会計の収入の不足を補う国債発行は財政法で禁じられているが，特例法を制定することで発行されている。この国債を何というか。	㉓赤字国債（特例国債）
㉔財政法第4条の但し書きによって，公共財の資金確保のために認められている国債を何というか。	㉔建設国債
㉕国債費の増加は，伸縮的な支出を困難にし，財政の機能を損ないかねない。このような状況を何というか。	㉕財政の硬直化（財政危機）
㉖2022年度の国の一般会計当初予算では，国債発行額	㉖国債依存度

が歳入の約34%を占める。この割合を何というか。

㉗国や地方自治体が，使用目的を自由に決められる財源を何というか。 | ㉗一般財源

㉘使用目的が特定事業などに限定された形で徴税される財源を何というか。 | ㉘特定財源

㉙逆進性を緩和するために一定の食料品などに実施されている低所得者への配慮措置で，消費税率10%への引上げにともない導入された制度を何というか。 | ㉙軽減税率制度

㉚財政法は建設国債以外の国債発行を禁じているため，赤字国債を発行する際には特別法の立法を必要とする。この特別法に基づき発行される赤字国債を何というか。 | ㉚特例国債

㉛管理通貨制の下で，貨幣価値の上昇が引き起こす継続的な物価下落を何というか。 | ㉛デフレーション（デフレ）

㉜さまざまな要因によって，わずかではあるが持続的に上昇し続けるインフレを何というか。 | ㉜クリーピング・インフレ

㉝国内の企業間で取引される商品の価格を平均化した物価指数を何というか。 | ㉝企業物価指数（ＰＰＩ）

㉞主に家計が購入する日用品の価格を加重平均した物価指数を何というか。 | ㉞消費者物価指数（ＣＰＩ）

㉟経済成長期には，需要が供給を上回り続けることで生じるインフレが起こりやすい。何というか。 | ㉟ディマンド・プル・インフレ（デマンド・プル・インフレ）

㊱駆け足のインフレーションとも呼ばれる，第一次石油危機後の日本での狂乱物価のような，急激に物価が上昇する現象を何というか。 | ㊱ギャロッピング・インフレ

㊲貨金上昇，素材価格高騰などの生産の上昇が，商品価格に転嫁されて生じるインフレを何というか。 | ㊲コスト・プッシュ・インフレ

㊳負債・資本と資産を対照させることにより，ある時点の企業の財務状態を見ることができる表を何というか。 | ㊳バランス・シート（貸借対照表）

㊴預金を預かる金融機関が破綻した場合，その預金者を保護するため，預金の払い戻しを肩代わりし保証する機関を何というか。 | ㊴預金保険機構

㊵2016年に成立した法律で，10年以上出し入れがない金融機関の預金を社会的課題の解決に利用できるように | ㊵休眠預金活用法

した法律を何というか。

❹効率的で小さな政府を実現しようとする，1980 年代以降の政策で，政府の統制や介入を廃止し，企業活動の活発化を図ることを何というか。

❹1973 年の第一次石油危機後，世界的に現れた現象で，不況期でも物価が上昇を続け，景気停滞と物価上昇が併存する状況を何というか。

❹同一業種の企業が，競争を制限するために販売価格や販売地域などを協定するしくみを何というか。

❹同一業種の複数の企業が合併し，単独企業として経営するようになる独占の形態を何というか。

❹戦前の財閥のような銀行や持ち株会社を中心として，資本所有により統合された企業群を何というか。

❹株主が株式を自由に売買することによって得た利益のことを何というか。

❹企業のもつ総資本のうち，株式や**内部留保**，**減価償却費**（固定資本減耗分），積立金など，企業内部で調達された資金を何というか。

❹企業が，社債や借り入れなどによって調達し，返却の責務を負う資本を何というか。

❹1990 年代，情報などの様々な産業において業務の一部を外部に委託する方式が導入された。何というか。

❺企業が，文化・芸術活動などを支援する活動を何というか。

❺「博愛」「慈愛」を意味し，企業の社会貢献や慈善事業をさす言葉を何というか。

ランクC

❶資金の需要者と供給者との資金の貸し借りを扱うところを何というか。

❷日本の中央銀行である日本銀行は，貨幣（銀行券）を発行する。このような銀行を何というか。

❸日本銀行のように，政府の国庫金を出納する銀行を何というか。

❹非接触 IC を組み込み，暗証番号などで身分を証明して支払いをするカードがある。プリペイドカードと異な

❹規制緩和（ディレギュレーション）

❹スタグフレーション

❹カルテル（企業連合）

❹トラスト（企業合同）

❹コンツェルン（企業連携）

❹キャピタル - ゲイン

❹自己資本

❹他人資本

❹アウトソーシング

❺メセナ

❺フィランソロピー

❶金融市場

❷発券銀行

❸政府の銀行

❹電子マネー

り補充も可能な，電子的な支払い手段を何というか。

❺中央銀行は，市中金融機関への資金貸付業務を行っていることから、何と呼ばれているか。

❺銀行の銀行

❻日本銀行が簡易的に調整している，国内の個人・法人および地方公共団体などが保有する通貨量の総量を何というか。

❻マネーストック

❼現金通貨（銀行券）と日銀の法定準備預金（日銀当座預金残高）の合計を何というか。カタカナで答えよ。

❼マネタリー - ベース（ベース - マネー）

❽コールレートのうち，日本銀行が政策金利として誘導目標にしているものを何というか。

❽無担保コールレート（翌日物）

❾1999年2月から，日銀は大量の資金を断続的に投入して，金融機関の資金融通市場の金利の一部を0に誘導した。デフレ脱却のためのこの政策を何というか。

❾ゼロ金利政策

❿1999年から政策金利であるコールレートを実質0％に誘導するゼロ金利政策がとられたが，さらなるデフレ対策として2001年から導入され，2006年に解除された政策を何というか。

❿量的金融緩和政策（量的緩和政策）

⓫非伝統的金融政策のひとつで，日銀当座預金のうち預金準備を超える部分に対して，日銀が手数料をとるという制度が導入された。この制度を何というか。

⓫マイナス金利政策

⓬総合的な景気対策として，金融政策・財政政策・為替政策などを組み合わせて実施することを何というか。

⓬ポリシー・ミックス

⓭金融機関が破綻した場合，金融機関が預金保険機構に積み立てている保険金で，預金者に一定額の払い戻しを行う制度を何というか。

⓭ペイオフ（預金の払い戻し）

⓮住宅・自動車ローンや不動産など，将来一定の収益を見込める資産を裏付け（担保）として発行される有価証券を何というか。

⓮証券化商品

⓯銀行などの金融機関の検査や監督，金融制度の事務を取り扱う官庁を何というか。

⓯金融庁

⓰金融と技術を組み合わせた造語で，金融サービスと情報通信技術（ＩＣＴ）を組み合わせて生まれた様々な革新的な金融サービスを意味する語句を何というか。

⓰フィンテック

⓱外国為替手形が売買される場を何というか。

⓱外国為替市場

⓲大口の資金を募って，国際的に運用する組織がある。高利回りを追求し，デリバディブ（金融派生商品）の手法を用いるこの投機機関を何というか。

⓲ヘッジファンド

⓳3Rに「使い捨て商品を購入しない行動」を加えて4Rという場合がある。どのような言葉で表されるか。

⓳リフューズ（無駄拒否）

⓴金融市場のうち，返済期限が1年以上の資金が取引きされる市場を何というか。

⓴長期金融市場

㉑金融市場のうち，返済期限が1年未満の資金が取引きされる市場を何というか。

㉑短期金融市場

㉒歳入から公債金収入を除いた額と，歳出から国債費を除いた額を比較する収支を何というか。

㉒プライマリー・バランス（基礎的財政収支）

㉓現代税制における課税三原則を答えよ。

㉓公平・中立・簡素

㉔税負担のあり方で，経済能力に応じて公平に税を負担すべきとする考え方を何というか。

㉔応能負担

㉕税負担の公平なあり方で，行政サービスの利用など，享受する便益に応じて税を負担すべきとする考え方を何というか。

㉕応益負担

㉖不況期には減税などで歳出を増大させ，過熱期には増税などにより歳出を削減させる政策を何というか。

㉖フィスカル・ポリシー（裁量的財政政策，補整的財政政策）

㉗**直接税**と**間接税**の比率を何というか。

㉗直間比率

㉘所得税などの累進課税制度のように，高額所得者で納税能力の大きな人に，より大きな割合の税の負担を求める公平の原則を何というか。

㉘垂直的公平

㉙租税の公平原則の基本となるもので，勤労所得・事業所得・農業所得など，所得が同等の場合は同額の税を支払うべきという原則を何というか。

㉙水平的公平

㉚フィスカル・ポリシーは，景気対策として伸縮的に展開されることが多い。ケインズの考えに基づいて，不況期に財政を拡大する政策を特に何というか。

㉚スペンディング・ポリシー

㉛**直接税**は，所得の捕捉率が不正確であれば課税の公平を欠く。会社員，自営業者，農民の間の補足率の差を強

㉛クロヨン（トーゴーサン）

調するために用いられる言葉は何か。

㉜各国の中央銀行で構成される国際金融機関を何という
か。本部はスイスのバーゼルにある。

㉜国際決済銀行
（ＢＩＳ，ビス）

㉝国の予算は三つに分けられる。一般行政に伴うものと，
特定の事業や目的を実現するためのもの，政府が全額出
資している法人のものである。それぞれ何というか。

㉝一般会計予算，
特別会計予算，
政府関係機関予
算

㉞国の財政を処理する権限は，国民の代表機関である国
会に置かれ，その処理は国会の議決に基づいて行われる
という考え方を何というか。

㉞財政民主主義

㉟会計年度の途中で，経済状況の変化などにより手直し
した予算を何というか。

㉟補正予算

㊱法人事業税と固定資産税は地方税のうち，都道府県税
に分類されるか市町村税に分類されるか，答えよ。

㊱法人事業税は都
道府県税，固定
資産税は市町村
税

㊲負担公平の原則から日本では採用されていないが，課
税標準が高くなるにつれて税率が低くなる課税方式を何
というか。

㊲逆進課税

㊳日本銀行が，デフレーションの状態から脱出するため
に資金量を増加させ，物価を高めに安定させようとする
政策を何というか。本来は，イギリスなどで実施された
物価（インフレ）を抑制するための政策である。

㊳インフレター
ゲット（インフ
レ・ターゲッ
ティング，イン
フレ目標政策）

㊴当座預金や普通預金など，現金と同じ機能を果たす通
貨を何というか。

㊴要求払預金（預
金通貨）

㊵市中銀行による優良企業向けの最優遇貸出金利を何と
いうか。

㊵プライムレート

㊶公開市場操作によって政策金利を誘導する，従来の金
融市場調節を中心とした金融政策を何というか。

㊶伝統的金融政策

㊷政策金利がゼロとなった状況からさらに金融緩和を進
める政策で，量的緩和政策やマイナス金利政策などは，
従来の金融政策に対比させて何というか。

㊷非伝統的金融政
策

㊸市中銀行は，預金者への払い戻しや銀行間の決済準備
のため，日本銀行に資金を預金している。この預金を何

㊸日銀当座預金

というか。

❹❹国際決済銀行（ＢＩＳ）のバーゼル銀行監督委員会が示した統一基準で，国際業務を行う金融機関は８％以上，国内業務のみの金融機関は４％以上の達成が求められる基準を何というか。

❹❹自己資本比率規制（ＢＩＳ規制）

❹❺金融システム不安が発生した 1997 年以降，日本で起きた貸し渋り現象を何というか。

❹❺クレジット・クランチ

❹❻金融危機や不良債権処理などを背景に，金融機関の融資が縮小・抑制され，市場の流動性が失われる状態を何というか。

❹❻信用収縮（クレジット・クランチ）

❹❼投資において投資者が判断を誤ったことによって被った損失は，すべて自らが負担する原則を何というか。

❹❼投資の自己責任原則

❹❽2001 年，内閣府は経済財政政策を調査・審議する合議機関を設置した。総理大臣を議長とし，「骨太の方針」などを打ちだした機関は何か。

❹❽経済財政諮問会議

【現代の企業と労働問題】

▷ ランクA ◁

❶売上総額から原材料費や人件費などの生産コストを差し引いた残りを何というか。

❶利益（付加価値）

❷生産の三要素の一つで，事業活動をおこなう元手資金を何というか。

❷資本

❸有限責任社員のみで構成され，株主総会で意思決定を行う企業形態は何というか。

❸株式会社

❹企業の株式を所有することで，その企業に対して権利と義務を有するようになった出資者を何というか。

❹株主（社員）

❺会社債務に対して，出資額の範囲内でのみ負う責任のあり方を何というか。

❺有限責任

❻株式会社は出資金を自らの事業に投資して利潤を実現する。出資者（株主）に分配される利潤の一部を何というか。

❻配当

❼企業の純利益から税金・配当金・役員賞与など外部に流出する額を差し引いた残りで，会社に蓄積されるものを何というか。

❼内部留保

❽企業の株式を所有する者が参加する，役員の選出・経営方針の決定など，株式会社の最高意思決定機関のこと

❽株主総会

114

を何というか。

❾株式会社の業務執行機関を何というか。

❿経営陣から独立した社外取締役の選任やディスクロージャー（情報公開）の推進など，株主や従業員などの利益を実現するための企業監視のしくみを何というか。

⓫事業活動の拡大または多角化手法の一つであるM＆Aを漢字表記に直せ。

⓬多国籍企業などが，租税を回避するために利用する国や地域を何というか。

⓭海外に複数の子会社を持ち，世界的に活動している企業を何というか。

⓮従業員の行動指針を作成するなど，法律に違反しないように整えられる企業の体制を何というか。

⓯社会的影響力をもつ組織・団体が負っている，利害関係者への正確な説明義務を何というか。

⓰起業家精神（アントレプレナー・シップ）が旺盛な経営者によって，新市場の開拓を目的に設立される小企業を何というか。

⓱資本金や従業員数，生産額が中位以下の企業を何というか。中小企業基本法で「資本金」と「従業員数」に基づいて業種別に定義されている。

⓲生産要素のうち人件費の比重が高い産業を何というか。

⓳生産要素のうち設備費の比重が高い産業を何というか。

⓴コンピュータや航空機，数値制御，高度医療，情報提供サービスなど，知識・知的労働が要求される産業を，労働集約産業に対して何というか。

㉑下請け企業は不況期に発注制限や発注差し止めなどのしわ寄せを受けやすい。このような位置づけを何というか。

㉒他の会社の株式を単に投資のためではなく，事業活動を支配するために所有する会社を何というか。1997年に独占禁止法改正により，原則として自由化された。

㉓1994年，国連大学は「生産に用いる資源を抑制する

❾取締役
❿企業統治（コーポレート・ガバナンス）
⓫合併・買収
⓬タックス・ヘイブン（租税回避地）
⓭多国籍企業
⓮コンプライアンス（法令遵守）
⓯説明責任（アカウンタビリティ）
⓰ベンチャー・ビジネス（ベンチャー企業）
⓱中小企業
⓲労働集約型産業
⓳資本集約型産業
⓴知識集約型産業
㉑景気変動の調節弁（景気変動の安全弁）
㉒持株会社
㉓ゼロエミッショ

だけでなく，発生する廃棄物の再資源化を進め，ゼロとする」完全リサイクルを提唱した。これを何というか。 | ン

㉔1960年代後半に次々と提訴され，すべて原告の被害者側が勝訴した産業公害裁判を何というか。 | ㉔四大公害裁判

㉕熊本県水俣湾沿岸で，チッソが排出した**有機水銀**が原因となって健康被害が発生した。病名は何か。 | ㉕水俣病

㉖新潟県阿賀野川流域で，昭和電工が排出した**有機水銀**を原因とする健康被害が発生した。病名は何か。 | ㉖新潟水俣病（第二水俣病，阿賀野川水銀中毒）

㉗富山県神通川流域で，三井金属が排出した**カドミウム**が原因となって健康被害が発生した。病名は何か。 | ㉗イタイイタイ病

㉘三重県四日市市の石油化学コンビナートが排出した**亜硫酸ガス**などが大気汚染を引き起こした。その結果生じた，呼吸器障害などの健康被害の病名は何か。 | ㉘四日市ぜんそく

㉙1993年，公害対策基本法を継承し，環境行政の基本方針を定める法律が制定された。この法律は何か。 | ㉙環境基本法

㉚公害や商品の欠陥から生じた被害に対し，故意・過失の有無にかかわらず損害賠償責任を負うという原則を何というか。 | ㉚無過失責任の原則

㉛2000年，廃棄物の発生を抑え，循環型社会の形成を目標として制定された法律は何というか。 | ㉛循環型社会形成推進基本法

㉜3Rの中で，最優先順位となるのは廃棄物の発生を抑制することである。何というか。 | ㉜リデュース（発生抑制）

㉝詰め替え用商品の使用によってシャンプーの容器を繰り返し使うなど，製品を繰り返し利用することで廃棄物の発生を抑制することを何というか。 | ㉝リユース（再利用）

㉞リユース（再利用）は製品を何度も使用することであり，デポジット制の中核である。廃棄物を原料，部品として活用することを何というか。 | ㉞リサイクル（再資源化）

▶ランクB◀

❶会社債務に対して，出資額の範囲を超えて，全財産をもって負う責任のあり方を何というか。 | ❶無限責任

❷会社企業のうち，有限責任社員と無限責任社員とで構成される企業を何というか。 | ❷合資会社

❸会社企業のうち，無限責任社員のみで構成される企業 | ❸合名会社

を何というか。

❹大量生産を行えば，商品の単位あたりのコストが下がって利潤が増加する。この経済効果を何というか。

❺企業は，新技術・新製品のための投資を怠らない。利潤拡大のためのこの活動を何というか。

❻ある企業の生産量・販売量が，ある商品市場において占める割合を何というか。

❼国や地方公共団体の出資による公企業や，民間の出資により設立される私企業とは別に，国や地方公共団体と民間が共同で出資して設立される企業を何というか。

❽2006年に施行された会社法により，有限会社が廃止され株式会社に一本化された。すでに設置された有限会社はどの様な名称で存続しているか。

❾機械や工場などの生産設備の規模を増大させるために運用されるものを何というか。また，一定期間に原材料，製品などの在庫量を増大させるものを何というか。

❿国債発行が民間の資金を吸収し，金融市場に影響を与え，民間資金調達を困難にさせることを何というか。

⓫将来の売却益などを目的として，特定のベンチャー企業の株式を購入する個人を何というか。

⓬ある「志」を持った人や団体に対する資金を，ネットを通じて多数の支援者から収集し，実現する方法を何というか。

⓭1946年に設置された財閥解体の執行機関の名称は何か。

⓮独占禁止法では，著作物が例外扱いされている。書籍や新聞，ＣＤなどに適用されている，供給者が価格を指定して事業者に販売させる制度を何というか。

⓯頭脳労働や肉体労働と並ぶ働き方の種類で，看護師，介護師，客室乗務員など，労働者が自己感情を抑制し，我慢や忍耐が必要不可欠となる労働を何というか。

⓰税務署が把握している国民各層ごとの所得割合を何と

❹規模の利益（スケール・メリット，規模の経済）

❺研究開発（Ｒ＆Ｄ）

❻市場占有率（シェア）

❼公私合同企業（第三セクター）

❽特例有限会社

❾設備投資，在庫投資

❿クラウディング・アウト

⓫エンジェル

⓬クラウド・ファンディング（ソーシャル・ファンディング）

⓭持株会社整理委員会

⓮再販売価格維持制度(再販制度)

⓯感情労働

⓰所得税捕捉率

いうか。

❶大企業などの注文で部品などを生産する中小企業で，親企業に従属し，二重構造を支える底辺部門の企業を何というか。

❷中小企業などが，大企業と競合しない商品を開発することがある。そのような市場を何というか。

❸多額の資本金と従業員を有する企業で，製造業では，資本金3億円以上または従業員300人以上の企業を何というか。

❹将来の売却益を目的として，多数のベンチャー企業の株式を購入する企業を何というか。

❺経済の二重構造は労働生産性の格差が原因であり，労働生産性は従業員一人あたりの設備の充実度に左右される。この充実度を何というか。

❻中小小売業を保護するため，百貨店やスーパーなどの店舗面積，閉店時間，休業日数などを調整してきた1974年制定の法律は何か（2000年廃止）。

❼大規模小売店舗法に代わり，街づくり三法の一つとして制定され，地域の生活環境の保全を目的とする法律を何というか。

❽労働組合法にもとづいて設置され，労働関係調整法にのっとって労使間の調整にあたる行政委員会がある。国と都道府県に設置されているこの機関は何か。

❾1986年，人材派遣会社に雇用され，派遣先の企業の指揮を受ける労働者に関する法律が施行された。それ以降，幾度か改正されているこの法律を何というか。

ランクC

❶株式会社が大規模化すると，株式所有の分散によって株主総会が形骸化し，専門家などで構成される取締役会が実権を握るようになる。この現象を何というか。

❷株主をはじめ，従業員や取引企業，地域住民などの企業の利害関係者を何というか。カタカナで答えよ。

❸投資家保護の立場から，財務状況などに加え，商品の安全性や経営にかかわるリスクや不確実性などの情報の

---

❶下請け企業

❶ニッチ市場（ニッチ・マーケット）

❶大企業

❷ベンチャー・キャピタル

❷資本装備率（労働装備率）

❷大規模小売店舗法

❷大規模小売店舗立地法

❷労働委員会

❷労働者派遣法

❶所有と経営の分離（資本と経営の分離）

❷ステークホルダー

❸企業情報の開示（ディスクロー

公開が求められる。これを何というか。

❹大企業がM＆A（合併・買収）などによって異業種の複数企業の株式を保有し，支配する企業を何というか。

❺企業は，コンプライアンスやコーポレート・ガバナンスなどによって，利害関係者との良好な関係の維持を求められる。このような社会的要請を何というか。

❻バングラディシュのグラミン銀行によるマイクロクレジット（少額融資）のように，社会的課題の解決を，事業活動を通じて実現しようとする手法を何というか。

❼1963年，中小企業の生産性を向上させ，大企業との格差を是正する法律が制定された。1999年に大幅に改正されたこの法律は何か。

❽大企業が，中小企業に人，技術，資金などの支援を行い，企業集団の底辺に組み入れることを何というか。

❾1890年，アメリカで制定された世界初の独占禁止法を何というか。

❿不況などによって業界全体が業績不振に陥った場合，技術向上や品質改善，コスト引き下げなどのために，独占禁止法の例外として認められたカルテルを何というか。

⓫不況により供給過剰に陥り，企業合理化で事態を克服できない場合，独占禁止法の例外として認められたカルテルを何というか。

⓬品質・性能やデザイン，広告・宣伝などによって自社製品と他社製品の違いを誇示することを何というか。

⓭ある生産物を生産したときに生産者側が負担する費用を何というか。

⓮公害の発生は，生産増大にともなう外部費用（B）が増加しても，企業の私的費用（a）が最小となる生産規模で生産が続けられることに要因がある。この生産活動の結果生じる生産主体以外の外部が負担する費用（B）を何というか。

⓯かつての会社制度には，有限責任社員50人以内で構成され，資本金300万円で設立できる会社があった。中小企業に多くみられたこの会社形態を何というか。

ジャー）

❹コングロマリット（複合企業）

❺企業の社会的責任（ＣＳＲ）

❻ソーシャル・ビジネス

❼中小企業基本法

❽系列化

❾反トラスト法（シャーマン反トラスト法）

❿合理化カルテル

⓫不況カルテル

⓬製品差別化

⓭私的費用

⓮社会的費用

⓯有限会社

❶株主の責任が，出資の範囲内に限定されるという株式会社の原則を何というか。	❶株主有限責任
⓱株主は，いつでも自由に市場で株式を売却することができるという株式会社の原則を何というか。	⓱株式譲渡の自由
⓲複数の企業が，お互いに相手の株を所有することを何というか。	⓲株式持ち合い
⓳資本を募り，利潤追求を目的として活動する民間企業を何というか。	⓳私企業
⓴利潤追求になじまない分野において，国有企業，国営企業，公社などのように，国や地方公共団体が出資，経営する企業を何というか。	⓴公企業
㉑会社法の施行によって，有限会社の新設ができなくなったが，有限責任社員で構成する新しい類型の会社が創設された。何というか。	㉑合同会社（LLC）
㉒機械や生産設備など，耐用年数の長い生産財の消耗分として計上される費用を何というか。	㉒減価償却費（固定資本消耗）
㉓総資産（貸し出しなど）に占める自己資本（資本金など）の割合を何というか。	㉓自己資本比率
㉔生産資本のうち，工場や機械のように生産のたびに少しずつ価値が製品に移転していくものは何か。	㉔固定資本
㉕機械や生産設備など，耐用年数の長い生産財の消耗分として計上される項目を何というか。	㉕固定資本減耗（会計学では減価償却費という）
㉖地方税の一つで，土地や家屋，工場の機械設備などの所有者に課せられる税を何というか。	㉖固定資産税
㉗取締役が法令違反や不適切な経営により会社に損害を与えた場合，株主が取締役に対して賠償を求める制度を何というか。	㉗株主代表訴訟
㉘株式と交換に金銭を会社に提供することを何というか。	㉘出資
㉙株主総会での議決権は原則的に株式の保有数に比例して付与される。この持分に応じた投票制を何というか。	㉙一株一票制
㉚株式会社の会計および業務の管理・監督を行う機関を何というか。	㉚監査役（監査役会）
㉛社内の生え抜きの取締役とは異なり，代表取締役などと直接利害関係のない，独立した有識者や，他企業経営	㉛社外取締役（外部取締役）

者などから選任される取締役を何というか。

㉜株式の所有者を何というか。　㉜社員（株主）

㉝上場企業の株式を公開買い付け（ＴＯＢ）等で取得し，　㉝敵対的買収
対象企業の経営者や取締役会の意思に反して企業を買収
することを何というか。

㉞1997年，特定の事業が環境に与える影響を事前に評　㉞環境アセスメン
価する制度が法制化された。アメリカが初めて導入し，　ト制度（環境影
ＯＥＣＤが推進した乱開発防止のしくみを何というか。　響評価法）

㉟汚染源の事業主に除去費用を負担させることは，環境　㉟汚染者負担の原
保全のために有効である。社会的費用を内部化させ，大　則（ＰＰＰ）
量生産を自発的に抑制するこの原則を何というか。

㊱環境や社会，企業統治に配慮している企業を選んで行　㊱ＥＳＧ投資
なう投資を何というか。

【日本経済のあゆみ】

▶ ランクA ◀

❶戦後，市場経済の機能を回復するために，独占的資本　❶財閥解体
からなる持株会社や大企業を解体，分割の対象とした改
革を何というか。

❷経済の民主化のうち，地主小作制度を解体し，自作農　❷農地改革（農地
の育成をめざした政策を何というか。　解放）

❸石炭・鉄鋼・肥料・電力などの産業に資金や物資を重　❸傾斜生産方式
点的に配分し，基幹産業から日本経済を再建しようとし
た政策を何というか。

❹1949〜50年，ＧＨＱは専門家集団を招き，2度にわ　❹シャウプ勧告
たって日本の税制改革を検討させた。税制を直接税中心　（シャウプ税制
に改めるこの勧告書を，団長の名に由来して何というか。　勧告）

❺朝鮮戦争による米軍から日本への需要は一般に何と呼　❺朝鮮特需
ばれたか。

❻1955年から1973年にかけて，年平均10％をこえる　❻高度経済成長
実質経済成長率を記録した経済成長を何というか。

❼プラザ合意後，政府の円高対策によって土地，株など　❼バブル経済（バ
の資産価格が高騰し，「財テク」という名の投機が横行　ブル，バブル景
した。このような実態を欠く経済的活況を何というか。　気，平成景気）

❽1958年から1961年までの，**神武景気**と**オリンピック**　❽岩戸景気
景気の間の約42か月にわたる好況を何というか。

❾オリンピック後の 1965 年から 1970 年まで，約 57 か月にわたり実質経済成長率がプラスで推移した好況を何というか。　❾いざなぎ景気

❿高度経済成長期に「消費革命」が起こった。1960 年代に普及した洗濯機，冷蔵庫，白黒テレビの耐久消費財を総称して何というか。　❿三種の神器

⓫三種の神器の後に普及したカラーテレビ，クーラー，乗用車の耐久消費財を総称して何というか。　⓫3C

⓬田中角栄内閣が 1972 年に打ち出した，公共投資を軸に地域格差の是正を狙ったが，一方で狂乱物価を引き起こす一因ともなった開発構想を何というか。　⓬日本列島改造論

⓭日銀の金融引き締め政策と政府の不動産関連産業への**融資総量規制**の導入により，51 か月にわたる平成景気は終焉を迎えて，以後しばらくの間景気の停滞が続いた。このことを一般に何というか。　⓭バブル崩壊

⓮バブル崩壊後，金融機関の貸付は融資先の倒産や経営悪化，担保とした資産価値の下落などによって全額回収が困難になった。このような貸付を何というか。　⓮不良債権

⓯バブル崩壊後の 1990 年代，企業倒産，失業率の上昇，物価下落などが連鎖的に起こり，財政も悪化した。日本社会のこの長期の停滞を何というか。　⓯失われた 10 年（平成不況）

⓰2008 年 9 月，アメリカの投資銀行の破綻による金融不安が日本に波及した。この世界的経済混乱を何というか。　⓰リーマン・ショック（世界金融危機）

⓱2012 年末に発足した第 2 次安倍内閣が掲げた，「大胆な金融政策」「機動的な財政政策」「民間投資を喚起する成長戦略」の「三本の矢」を中心とした経済政策の通称を何というか。　⓱アベノミクス

▶ ランクB ◀

❶寄生地主制の復活を阻止するため，農地の所有・貸借・転用・売買を厳しく制限した 1952 年制定の法律は何か。　❶農地法

❷1948 年，GHQが日本のインフレを収束させるため政府に指示した経済政策の指針を何というか。　❷経済安定九原則

❸1949 年，経済安定化のために招かれたデトロイト銀　❸ドッジ・ライン

122

行頭取は，超均衡予算や1ドル＝360円の単一為替レートなどを実現した。この経済的な対処を何というか。

❹ドッジ‐ラインは物価を安定させたが，深刻な経済停滞をもたらした。この景気後退を何というか。

❺戦後，基幹産業の資金需要をにない供給したが，日銀引き受けの債券を発行して原資を調達したため，急激なインフレを引き起した。この金融機関を何というか。

❻経済の発展により，一国の産業構造の中心が，第一次産業から第二次産業，第三次産業へと移行していくことを何というか。

❼経済活動において，サービス産業やレジャー産業などが拡大していくことを何というか。

❽産業構造が変化し，経済活動における情報産業の比重が高まることを何というか。

❾「B to B」（企業間取引），「B to C」（企業・消費者間の取引），「C to C」（消費者間取引）など，インターネットを利用したビジネスを何というか。

❿1956年の『経済白書』に「もはや戦後ではない」と記されたが，この高度経済成長初期の民間設備投資中心の好況を何というか。

⓫戦後復興の終了を宣言した象徴的な言葉で，1956年度の『経済白書』の序文に書かれた一節を答えよ。

⓬岩戸景気の好況で輸入が増え，支払い準備のための外貨が不足したため，景気引き締め策を取らざるをえなかった。この経済成長の障害を何というか。

⓭「国際収支の天井」からの回復による輸出の好調と，東京オリンピックの準備のための建設投資ブームを柱とする好景気を何というか。

⓮1965年の戦後最大の不況を何というか。

⓯1985年，G5（5か国財務相・中央銀行総裁会議）はドル高是正（ドル安）のための協調介入を合意した。この合意を，会議の開催場所にちなんで何というか。

⓰1985年に行われたプラザ合意後に現れた不況を何というか。

❹安定恐慌（ドッジ‐デフレ）

❺復興金融金庫（復金）

❻産業構造の高度化（ペティ‐クラークの法則）

❼経済のサービス化

❽経済のソフト化

❾eコマース（電子商取引，Electronic Commerce）

❿神武景気

⓫「もはや戦後ではない」

⓬国際収支の天井（外貨不足）

⓭オリンピック景気

⓮40年不況

⓯プラザ合意

⓰円高不況

⓱株価や地価の値上がりが，企業活動や消費活動を活発化させる現象を何というか。

⓲株価や地価の値下がりが，企業活動や消費活動の低迷を招く現象を何というか。

⓳1997年のアジア通貨危機以降，日本の景気は急速に落ち込み，金融機関の破綻が相次ぐなど，金融制度全般に動揺が広がった。これを何というか。

⓴本来は企業の経営改善のために，事業内容を再構築することだが，実際には労働者の解雇・早期退職を強要する企業行動を何というか。

㉑1923年のドイツでのマルク価値暴落にみられるような，物価の上昇と通貨価値の下落が，急激かつ極度に起こる現象を何というか。

㉒1996年，橋本龍太郎内閣がイギリスにならって推進した金融制度の大幅な改革を何というか。外国為替の自由化や金融持株会社の解禁などが進められた。

㉓インフレ対策の金融政策を総称して何というか。

ランクC

❶戦後の経済民主化政策のうち，**財閥解体**と**農地改革**と並ぶ労働分野の改革を何というか。

❷1960年，**池田勇人**首相が発表した「国民所得を10年間で2倍にする」計画を何というか。

❸国民所得倍増計画が策定された時の内閣総理大臣は誰か。

❹2000年代，小泉純一郎内閣の経済財政諮問会議は，特殊法人の改革を提言した。民間企業にも過剰な債務，雇用，設備の解消を推奨する一連の政策を何というか。

❺バブル期には企業の違法行為や無責任な経営が横行した。この経営倫理（企業倫理）の喪失を何というか。

❻2004年，地方独自の活性化策を支援するために，首相の認可によって省庁の規制を緩和する制度が始められた。適用される地域を何というか。

❼傾斜生産方式の対象となった石炭・鉄鋼・電力などの

⓱資産効果

⓲逆資産効果

⓳金融システム不安

⓴リストラクチュアリング（リストラ，事業の再構築）

㉑ハイパー・インフレ

㉒日本版金融ビッグバン（金融ビッグバン，日本版ビッグバン）

㉓金融引締め政策

❶労働組合の育成（労働民主化）

❷国民所得倍増計画

❸池田勇人

❹構造改革（経済構造改革）

❺モラルハザード

❻構造改革特別区域（構造改革特区）

❼基幹産業

重点産業のことを何というか。

❽神武景気で過剰投資が行われたあとに現れた不況を何というか。　　❽なべ底不況

❾2002年からの景気拡張は「いざなぎ景気」を超え，戦後最長となったが，「実感なき景気回復」であったことから，何と呼ばれるか。　　❾いざなみ景気

❿日本版金融ビッグバンの三つのスローガンは何か。　　❿フリー・フェア・グローバル

⓫2012年のOECD発表によると，日本0.33，米国0.389となる数値がある。所得分配の状況を示し，0から1の間を推移し，0に近いほど平等となる指数は何か。　　⓫ジニ係数

⓬個人所得を，縦軸に所得割合，横軸に人数割合で配置すると，完全に平等であれば右上がり直線，不平等が増すほどその線から下に乖離する曲線となる。何という曲線か。　　⓬ローレンツ曲線

⓭1970年代以降上昇し続け，現在5％前後で推移する統計の数値がある。労働力人口に占める完全失業者の割合をあらわすこの数値を何というか。　　⓭完全失業率

⓮1980年代から，金融の国際化，金利の自由化，業務の垣根の撤廃を実現する政策が展開された。この金融機関に対する規制緩和政策を何というか。　　⓮金融自由化（金融の自由化）

⓯日本経済は，近代化の進んだ部門と遅れた部門とが併存するという経済構造となっている。この特徴を何というか。　　⓯日本経済の二重構造

【労働と雇用問題】

■ランクA

❶労働の意思と能力のある者が，就職できない場合に，国家に対して労働の機会を与えることを要求し，それが不可能なときには相当な生活費を要求できる権利を何というか。労働権ともいう。　　❶勤労の権利

❷労働者の団結権・団体交渉権を保障し，労使間の集団交渉を認めた法律は何か。1945年に制定された。　　❷労働組合法

❸仕事と家事・育児などとの両立をめざし，仕事と生活のバランスをとるという意味の言葉は何か。　　❸ワークライフ-バランス

❹1999年以降の労働者派遣法の改正により，業種規制　　❹ワーキング-プ

が撤廃され，派遣労働者や非正規雇用労働者が急増した。これに伴い，違法な偽装請負や**名ばかり管理職**問題の発覚などとともに，年間を通して働いても生活保護基準に収入が達しない階層が増えたが，この階層を何と呼ぶか。 ── ア（働く貧困層）

❺働く能力と意思がありながら，職業につくことができないでいる状態を何というか。 ── ❺失業

❻1982年，オランダの労使が締結したワッセナー協定には，一人あたりの労働時間を短縮してより多くの人々の雇用機会を確保する合意がある。これを何というか。 ── ❻ワーク・シェアリング

❼労働三権の一つで，労働者が，労働条件の維持・改善をはかるために団結する権利を何というか。 ── ❼団結権

❽労働三権の一つで，労働者が労働組合などを通じて，労働条件の維持・改善をはかるために団結して使用者と交渉する権利を何というか。 ── ❽団体交渉権

❾労働三権の一つで，労働者が労働組合などを通じて，団体交渉が決裂したときなどに団結して使用者に対して争議行為を行う権利を何というか。 ── ❾団体行動権（争議権）

❿1947年に制定された，労働条件の最低基準を示して，労働者を保護するための法律を何というか。 ── ❿労働基準法

⓫1946年，労使間の**争議行為**の未然防止，早期解決のために制定，施行された法律は何か。 ── ⓫労働関係調整法

⓬**労働基準法**の実施と遵守を行う最末端の監督組織を何というか。 ── ⓬労働基準監督署

⓭労働組合活動を理由に解雇や不利益な扱いを受けたり，労働組合に加入しないことを条件とする雇用契約（黄犬契約）など，労働者の権利を侵害する使用者の行為を何というか。 ── ⓭不当労働行為

⓮1995年，子どもが1歳になるまでの1年間の育児のための休業を，男女いずれにも認めた育児休業法が改正され，介護を必要とする家族をもつ人に3か月（現在は93日）を限度とする介護休業・勤務時間短縮などの保障が盛り込まれた。この法律を何というか。 ── ⓮育児・介護休業法

⓯労働委員会会長が指名した斡旋員が，労使双方の主張を確かめて自己解決を促すことを何というか。 ── ⓯斡旋

⓰労働委員会が労使双方に調停案を勧告することを何というか。

⓰調停

⓱労使双方からの申請により，公益委員のみで構成された委員会がつくった裁定に従い，紛争を終了させるもので，労働協約と同じ効力を持つものを何というか。

⓱仲裁

ランクB

❶1985年に制定され，1986年に施行された，職場での男女差別の解消をめざした法律を何というか。1997年の法改正によって，採用・昇進などの差別が努力目標から禁止規定に強められた。

❶男女雇用機会均等法

❷高年齢者の安定した雇用の確保や再就職の促進などを目的とし，2004年の改正により事業主に定年の引上げ継続雇用制度の導入・定年制の廃止のいずれかを実施することを義務づけた法律を何というか。

❷高年齢者雇用安定法

❸1960年，障がい者の能力を開発して雇用を促進する目的で成立し，一般の民間企業が一定割合の障がい者を雇用することを定めた法律を何というか。

❸障害者雇用促進法

❹総理大臣が，電気などの公益事業の争議に際し，争議行為を最大50日間停止することができる権限は何か。

❹緊急調整

❺労働者一人あたりの単位時間あたりの生産額を何というか。

❺労働生産性

❻労働力の活発な移動を前提とした欧米型の産業別労働組合とは異なり，個々の企業に労働者を定着させた日本独特の雇用形態のもとに生み出された組合形態を何というか。

❻企業別労働組合

❼等質・等量の労働に対しては賃金差別をしてはならない原則を何というか。労働基準法などに定められているが，実際は男女間などでさまざまな差別が存在する。

❼同一価値労働同一賃金

❽労働基準法に基づいて，労働者の勤続状況に応じて賃金の削減なしに取得できる休暇を何というか。

❽年次有給休暇

❾外国の若者が日本企業での技術実習を通じて優れた技術・技能や知識を修得・習熟するための制度を何というか。

❾外国人技能実習制度

❿労働力の売り手と買い手が出会う場で，労働力を商品として取り扱う市場を何というか。

❿労働市場

⓫仕事の重要性・困難性・責任性など質と量に応じて決定される賃金体系を何というか。

⓬賃金が年単位で決められ，業績への貢献度や努力姿勢などが評価される賃金形態を何というか。

⓭市場経済の枠外で行われている無償労働で，主に家事や育児・介護など「支払われない労働」を何というか。

⓮地位の特殊性と公共性から，労働基本権の一部が制限されている職業は何か。

⓯争議行為に対する使用者側の対抗措置で，労働者の就労を拒否する行為を何というか。

⓰少子高齢化で人手不足が深刻化するなか，外国人の受け入れを拡大するため入国管理法などの改正案が2018年に成立した。これにより創設された外国人の新たな在留資格は何か。

⓱日本の終身雇用制のもとでは，賃金が勤続年数に応じて増額される。こうした賃金体系を何というか。

⓲日本では，新規学卒者を採用し，特別な事情がない限り定年まで雇用を継続していた。近年，労働条件の見直しとともに崩壊しつつあるこの日本的雇用慣行を何というか。

⓳企業が短期の契約で労働者を雇う雇用形態を，正規雇用に対して何というか。

⓴仕事内容によりあらかじめみなし労働時間を定め，実際の労働時間にかかわらず，賃金が支払われる制度を何というか。

㉑公共職業安定所（ハローワーク）の統計で，求職者数に対する求人数の割合を何というか。

㉒15歳以上人口に占める労働力人口の割合を何というか。

㉓労働条件について労働者と使用者との間で締結される取決めを何というか。

㉔労働条件に関する使用者と労働者の取り決めを労働契約という。労働組合など，労働者を代表する組織と使用者との取り決めを何というか。

㉕使用者が作成した労働者の守るべき規則は何と呼ばれ

⓫職務給

⓬年俸制

⓭アンペイド - ワーク

⓮公務員

⓯ロックアウト（作業所閉鎖）

⓰特定技能

⓱年功賃金（年功序列型賃金）

⓲終身雇用制度（終身雇用）

⓳非正規雇用（非正規雇用者）

⓴裁量労働制（みなし労働時間制）

㉑有効求人倍率

㉒労働力率

㉓労働契約

㉔労働協約

㉕就業規則

るか。

㉖ 原則として１か月の平均で週40時間の範囲内であれば，労働時間を自由に設定できるしくみを何というか。

㉖ 変形労働時間制

㉗ 従業員全員がそろう「コアタイム」は設けるが，始業時間，終業時間を従業員が自由に設定できる「時差勤務」の勤務形態を何というか。

㉗ フレックス・タイム制

㉘ ブロードバンド環境の整備で，通信網を活用して収入を得るテレワークが可能になった。自宅や近所の小規模事業所において勤務する事業者を何というか。

㉘ SOHO（ソーホー）

ランクC

❶ 人間生活にとって最低限かつ基本的に必要とされる要素で，衣食住や水，衛生，健康，教育などの社会の基本的サービスや雇用，社会参加などが基本的人間ニーズとされている。これを一般に何というか。

❶ ベーシック・ヒューマン・ニーズ（ＢＨＮ）

❷ 入社の際には仕事の具体的内容が決まっておらず，職務や勤務地が無限定であるような日本の働き方を，一般に何というか。

❷ メンバーシップ型雇用

❸ 国際労働機関（ＩＬＯ）が提起した新しい概念で，労働者が健康かつ満足できる職に就いて働くことを何というか。

❸ ディーセント・ワーク

❹ 技術革新などにより企業が必要とする人材の質が変化し，地域間・年齢間などで労働需給に不適合が生じる状態を何というか。

❹ 雇用のミスマッチ

❺ 賃金水準には満足だが，雇用機会がないために失業している状態をケインズは何と呼んだか。

❺ 非自発的失業

❻ 2006年，裁判官と労働審判員２名が労使紛争を裁判外で解決を図る制度が創設された。原則３回以内の審理で調停（和解），審判するこのしくみを何というか。

❻ 労働審判制度

❼ 長時間の過重労働は，過労自殺を引き起こすことがある。労働者が身体的・精神的不調をきたし，重度障害にとどまらず，死亡にまで至る事態を何というか。

❼ 過労死

❽ 入社の際に仕事の具体的内容が雇用契約で決まっているような欧米の働き方を，一般に何というか。

❽ ジョブ型雇用

❾ 失業率を低下させようとすると物価は上昇し，物価を安定させようとすると失業率は上昇する。このように，

❾ トレード・オフ（二律背反）

物価変動率と失業率との間にみられる関係を何というか。

❿国家公務員の労働基本権が制限されていることの代償
措置として採られている制度は何か。

⓫争議行為のうち，使用者への労働力の提供を拒否する
行為を何というか。

⓬働き方改革関連法の成立により導入された制度で，管
理職や運営職（プロジェクト・リーダーなど），専門職
などについて，労働基準法に基づく労働時間規制をはず
して，成果に応じて賃金を払う制度を何というか。

⓭事前に協定を締結すれば，使用者は労働者に時間外労
働や休日労働を行わせることができる。この協定を一般
的に何というか。

⓮極端な長時間労働やノルマ，残業代や賃金の不払い，
ハラスメント行為の横行など，法令遵守の意識が著しく
低い企業で，労働者を酷使・選別し，使い捨てにする悪
辣な企業を総称して何というか。

⓯日本銀行による金融政策の目的の一つで，**非自発的失
業**を最小限に抑えるという役割を何というか。

⓰争議行為のうち，意図的に作業能率を低下させる行為
を何というか。

⓱労働基準法の第 24 条には，通貨で直接労働者に全額，
毎月一回以上，一定期日に支払うこと，という規定があ
る。この原則を何というか。

⓲管理職や技術職など，職務遂行能力によって昇給が決
定される賃金体系を何というか。

⓳外国人の出入国と在留資格，難民の認定手続きに関す
る基本法を何というか。1989 年の法改正で，在留資格
が拡大・整備された。

⓴労働基準法では，1 日および 1 週の労働時間の上限を，
現在どのように規定しているか。

㉑ワーク・ライフ・バランスを実現するため，勤務地，
職務，勤務時間などの条件を限定して働く正規雇用者を
何というか。

㉒わが国における女性の労働力率（15 歳以上人口に占
める労働力人口の割合）のライフサイクルは，グラフに

❿人事院勧告制度

⓫ストライキ（同
盟罷業）

⓬高度プロフェッ
ショナル制度

⓭三六協定

⓮ブラック企業

⓯雇用の維持

⓰サボタージュ
（怠業）

⓱賃金支払い原則

⓲職能給

⓳出入国管理及び
難民認定法

⓴1 日 8 時間，週
40 時間

㉑限定社員

㉒M 字型

130

形成することで特徴的な形状となる。これを何というか。

㉓国民の所得額を順に並べて，真ん中の人（中央値）の２分の１以下の所得の人の割合を何というか。

㉔労働契約は労使の合意に基づくが，賃金の額には法的な規制がある。毎年，全ての労働者を対象に，都道府県毎，産業毎に更新する最低額について定める法律は何か。

㉕マルクスが利潤の源泉として捉えた価値は何か。

【社会保障の役割と課題】

▎ランクA▕

❶すべての国民が，本人（被保険者）または家族（非扶養者）として，いずれかの医療保険に加入している状態を何というか。

❷1990年代のアメリカで広まった考えで，バリアフリーを徹底するために，全ての人が利用できるように，製品，建物，空間などを工夫することを何というか。

❸国連の定義で，65歳以上人口が総人口の７％以上になった社会を何というか。また，同様に14％以上になった社会を区分として何というか。

❹老年人口比率が21％を越えた社会を区分として何というか。

❺国民生活における経済的な不安を和らげるために，国が整備する社会保険などのしくみを何というか。

❻物価が下落すると企業の売上高が減少して，企業の業績が悪化するので，人件費が抑制されたり解雇者が増加する。このため消費需要が低迷し，物価がさらに低下し，不況が深刻化する。このような現象を何というか。

❼1942年，民間企業の従業員を対象として発足した年金保険制度を何というか。

❽1961年，農民や自営業者などを対象として発足した年金保険制度を何というか。

❾傷病や疾病の際の治療費や薬代は，原則として**3割**の自己負担で済む。そのための保険制度の総称は何か。

❿働く女性が妊娠や出産，育児を理由に解雇や雇止をされたり，職場において**嫌**がらせを受けることを何というか。

㉓相対的貧困率（貧困率）

㉔最低賃金法

㉕剰余価値

❶国民皆保険

❷ユニバーサルデザイン

❸高齢社会，高齢化社会

❹超高齢社会

❺セーフティ・ネット（安全網）

❻デフレ・スパイラル

❼厚生年金

❽国民年金

❾健康保険

❿マタニティ・ハラスメント

❶職場などにおいて，主として女性などに対する，性的な言動による嫌がらせを何というか。

| ❶セクシャル・ハラスメント

ランクB

❶社会保険，公的扶助，社会福祉，公衆衛生など，政府が生存権を保障するためのしくみを何というか。

| ❶社会保障

❷政府や地方公共団体が保険料を徴収し，被保険者の医療，年金，雇用，介護などに関して給付を行う制度を何というか。

| ❷社会保険

❸社会保障制度の4本柱の一つで，租税を財源として国民の最低限度の生活を保障する制度を何というか。

| ❸公的扶助

❹生活困窮者の生活費を給付する生活扶助などが運用される際に，根拠としている法律を何というか。

| ❹生活保護法

❺租税を財源とし，高齢者・障がい者・児童などの社会的弱者を対象とする行政サービスを何というか。

| ❺社会福祉

❻保健所は，感染症や生活習慣病を防ぎ，快適な生活環境を確保する。このような政府や地方公共団体の活動を何というか。

| ❻公衆衛生

❼わが国の社会保険の始まりとされる，1922年制定の法律を何というか。

| ❼健康保険法

❽事業主は，業務を原因とするけが，病気，障害，死亡などの労働災害に対する賠償義務がある。その義務を代替し，労働者の生活を保障する保険制度は何か。

| ❽労働者災害補償保険（労災保険）

❾憲法第25条などに基づき成立した，生活保護法が規定する八種の扶助内容をすべて答えよ。

| ❾生活，住宅，医療，介護，教育，生業，出産，葬祭

❿住み慣れた地域で生活するため，自費での市場サービス購入や，自己管理によって介護予防に努めるなど，個人で自発的に生活課題を解決することを何というか。

| ❿自助

⓫自助に対し，医療，年金，介護保険などの公的保険制度により成り立つ相互扶助を何というか。

| ⓫共助

⓬自助や互助・共助では対応できない生活困窮，人権擁護，虐待対策などに対し，公費による支援によって実施される社会福祉制度を何というか。

| ⓬公助

⓭1950年代のデンマークで，障害者や高齢者を含むす

| ⓭ノーマライゼー

132

べての個性を尊重し，共に生活できる社会を形成すべき
とする理念が確立された。この考え方を何というか。

❶老齢で収入を失った国民に，所得の保障をするのが社
会保険であるが，その保険とは何か。

❶介護保険制度は，65歳以上を第1号被保険者とし，
保険料を年金受給時に徴収する。40歳以上64歳以下の
第2号被保険者は，何に上乗せされて徴収されるか。

❶労働者の失業に際して，生活を保障する失業給付等を
行うだけでなく，雇用安定，能力開発，雇用福祉の実現
を目的とする保険制度を何というか。

❶生活保護は福祉事務所への申請をもって開始される
が，その際，民生委員によって実施される調査を何とい
うか。

❶所得や資産に関係なく，すべての国民に毎月一定額を
無条件に支給する最低生活保障制度を何というか。

❶19世紀のドイツでは，社会主義者鎮圧法を制定した
後に社会保険制度が創設された。この「アメとムチの政
策」を展開した「鉄血宰相」は誰か。

❷ドイツの「アメとムチの政策」において，1878年に
ビスマルクが制定した「アメ」と「ムチ」の法律名を何
というか。

❷国民年金の保険料を支払うべき人の約3分の1が未加
入，免除，滞納という実態は何といわれるか。

❷公的介護保険サービスの一つで，高齢者の日中預かり
のサービスを何というか。

❷2006年，老人保健制度が廃止され，75歳以上の個人
を対象とする制度が新設された。2008年4月に開始さ
れ，現在別のしくみが検討されている制度を何というか。

❷1986年，国民年金は原則として20歳以上60歳未満
の全国民を被保険者とするようになった。各年金制度の
部分的な統一を実現するこの制度を何というか。

ション（通常化）

❶年金保険

❶健康保険

❶雇用保険

❶資力調査

❶ベーシック‐イ
ンカム（最低生
活保障，基礎所
得保障）

❶ビスマルク

❷アメ…医療保険
法，災害保険法，
養老保険法
ムチ…社会主義
者鎮圧法

❷国民年金の空洞
化

❷デイサービス

❷後期高齢者医療
制度（長寿医療
制度）

❷基礎年金

㉕社会主義者のウェッブ夫妻が提唱し，ベバリッジ報告に受け継がれた考えで，政府が，国民に提供する責務を負う，最低限の生活水準を何というか。

㉕ナショナル・ミニマム（国民最低限）

㉖1935年にニューディール政策の一貫として社会保障法を制定したアメリカ大統領は誰か。

㉖F. ローズベルト

ランクC

❶加入者が支払った保険料を積み立て，運用して，給付する際の財源とする年金保険の制度を何というか。

❶積立方式

❷給付に必要な財源を，現役労働者の保険料でまかなうように年度ごとに調整する年金制度を何というか。

❷賦課方式

❸従業員が出社することなく，在宅や遠隔地で情報通信技術（ICT）を活用して業務を行う勤務形態の一つを何というか。

❸リモートワーク

❹充実した社会保障制度の実現には，高い国民負担が必要であるとする考えは一般に何といわれるか。

❹高福祉・高負担

❺健康で自ら働くことができるなら，生活上のリスクは自助努力で対応すべきで，社会保障は社会的弱者に対して最低限度を提供すればよいとする考え方を一般に何というか。

❺低福祉・低負担

❻日本の年金制度で，将来の給付額が報酬や勤続年数によって約束されているタイプの年金を何というか。

❻確定給付型年金

❼民主党の野田政権下で成立した法律に基づいて，2019年10月から消費税が10％に引き上げられた。この法律を何というか。

❼社会保障・税一体改革関連法

❽2015年に会社員の厚生年金に一元化された公務員の年金制度を何というか。

❽共済年金

❾賦課方式で運営されている**基礎年金制度**は，現役世代が高齢世代を支えることで成り立っている。このような年金制度の設計思想を何というか。

❾世代間扶養

❿インフレの弊害（経済取引上の不公平）を除去し，インフレが実経済に与える影響を中和させるため，賃金や年金保険などを一定の方式に従って，物価にスライドさせる政策を何というか。

❿物価スライド制（インデクセーション）

⓫企業や加入者が一定の保険料を拠出し，それを運用して得た収益などに応じて給付額が決まる年金を何という

⓫確定拠出年金

か。2001 年からアメリカの制度を参考に導入された。

⓬少子化による保険料の減収と平均寿命の伸びの合計を年金額の改定に反映させ，給付を抑えるしくみは何か。 ⓬マクロ経済スライド

⓭国民所得に対する国税・地方税を合わせた租税負担の比率を何というか。 ⓭租税負担率

国際経済の現状と課題

【国際経済のしくみとはたらき】

ランクA

❶各国は貿易や国際投資など，国境をこえて広く経済活動を展開し，相互に結びついている。こうした国境をこえた国民経済相互の結合関係を何というか。 ❶国際経済（世界経済）

❷一国の対外的受け払い勘定を，総合的に集計した数値を何というか。 ❷国際収支

❸「貿易・サービス収支＋第一次所得収支＋第二次所得収支」の総計は輸出と輸入の差額となっている，この収支を何というか。 ❸経常収支

❹外国証券を売買する証券投資と，海外工場建設などの**直接投資**を主とする収支を何というか。 ❹金融収支

❺外国為替は，自国通貨と他国通貨との交換比率で売買される。一国通貨の対外価値を反映するものであるこの交換比率のことを何というか。 ❺外国為替相場（為替レート）

❻外国為替相場において，円の対外価値が高まる（たとえば 1 ドル＝100 円から 80 円になる）ことを何というか。 ❻円高（ドル安）

❼自国通貨と外貨を交換する際，対外的に自国通貨の購買力が低下することを何というか。円とドルの関係で答えよ。 ❼円安（ドル高）

❽アダム＝スミスは，国家が貿易を統制する重商主義を批判し，外国と分業して国富を増やすべきだと主張した。このような考え方を何というか。 ❽自由貿易論（自由貿易主義）

❾国内産業を保護・育成するため，国家が輸入制限などの規制を設けるべきとする考え方を何というか。 ❾保護貿易論

❿ 1947 年，ブレトン‐ウッズ協定に基づいて為替相場安定のために短期資金を貸し付ける機関が業務を開始した。190 か国が加盟するこの国連専門機関は何か。 ❿国際通貨基金（ＩＭＦ）

⓫ＩＭＦは為替相場の安定（固定）のために，国際収支が赤字となった加盟国に，外国為替市場への介入資金を融資する。その中心的通貨となるドルを何というか。

⓫基軸通貨（キー・カレンシー）

⓬輸入した品物に対して，通関時に徴収される税を何というか。

⓬関税

⓭1994年，ＧＡＴＴ（関税及び貿易に関する一般協定）の貿易交渉において農作物の「例外なき関税化」の原則が合意された。この交渉を何というか。

⓭ウルグアイ・ラウンド

⓮1995年，貿易のルールを協議，決定する機関が，マラケシュ宣言に基づいて貿易紛争処理権限を強化した。この貿易裁判所的機能を備える国際機関を何というか。

⓮世界貿易機関（ＷＴＯ）

⓯ＷＴＯは多国間交渉，無差別待遇を原則とするが，関税及び貿易に関する一般協定第24条で例外措置を認めている。関税優遇を軸とする二国間協定を何というか。

⓯自由貿易協定（ＦＴＡ）

■ランクＢ■

❶複数の国民経済にまたがる経済取引で，国民経済間の財・サービス，資本・労働力の移動といった経済取引を何というか。

❶国際分業

❷二国が貿易をする場合，おのおの自国内で生産費が相対的に低い財に特化して，自由貿易によって交換することが両国に利益をもたらすとする学説は何か。また，その提唱者は誰か。

❷比較生産費説，リカード

❸イギリスの経済学者リカードが唱えた原理で，各国は国内で相対的に生産性の高い財の生産に特化し，他の財の生産はそれを得意とする国から輸入した方が双方にとって有益であるとした。この原理を何というか。

❸比較優位の原理（比較生産費説）

❹近年，配当や利子などを含む投資収益や，雇用者報酬の黒字幅は貿易黒字を上回る。この収支を何というか。

❹第一次所得収支

❺国連分担金，商品などの贈与や援助など，対価をともなわない収支を何というか。

❺第二次所得収支

❻資本形成となる無償援助や，特許権・著作権の取得，処分などを含む収支を何というか。

❻資本移転等収支

❼国際収支表は四つの大項目からなる。名称を答えよ。

❼経常収支，金融収支，資本移転等収支，誤差脱

漏

❽企業は，輸入などにともなう巨額の資金移動を，通常は金や紙幣ではなく，金融機関を介した手形や為替を用いて行う。内国為替に対して何というか。

❽外国為替

❾絶対主義のイギリスにおいて，国王の保護のもとで特定商人による資本（富）の蓄積がはかられた経済政策を何というか。

❾重商主義

❿1930年代に帝国主義諸国が，自国と植民地以外の国や地域からの貿易を制限した経済政策を何というか。

❿経済のブロック化（ブロック経済）

⓫戦後の国際為替金融取引に新しい秩序をもたらすため，1944年にアメリカで結ばれた協定を何というか。

⓫ブレトン・ウッズ協定

⓬1946年，戦災国復興と加盟国経済開発を目的とし，長期資金貸付を行う機関が業務を開始した。現在は，主に開発途上国に融資を行うこの国連機関を何というか。

⓬国際復興開発銀行（IBRD，世界銀行）

⓭関税その他の貿易障壁を軽減し，通商の差別待遇を廃止することにより，各国の経済発展を期すことを目的に1947年に調印された協定を何というか。

⓭関税及び貿易に関する一般協定（GATT）

⓮外国為替相場の変動を全く認めないか，ごくわずかの変動しか認めない制度を何というか。ブレトン・ウッズ協定では，ドルを中心に各国の通貨の交換比率が定められた。日本円の場合，1ドル＝360円に設定された。

⓮固定為替相場制（固定相場制）

⓯為替レートを，外国為替相場の需要と供給に合わせて自由に変動させる制度を何というか。

⓯変動相場制

⓰1971年8月，ドルと金との交換が停止され，ドルを基軸通貨とするIMFの固定相場制が事実上崩壊した。当時のアメリカの大統領にちなんで何というか。

⓰ニクソン・ショック（ドル・ショック）

⓱1950年代末から1960年代に入って，アメリカの国際収支悪化に伴い，ドル残高と金流出が増加し，国際通貨としてのドルの信認が低下するという現象が生じた。これを何というか。

⓱ドル危機

⓲1971年12月，ワシントンの博物館で開かれた会議で，多国間の通貨調整による固定為替相場制の再建が試みられた。この会議で合意された協定は何というか。

⓲スミソニアン協定

⓳為替レートの急激な変動を阻止するため，主要先進国

⓳協調介入

の通貨当局が足並みを揃えて一斉に為替平衡操作を実施
することを何というか。

⑳GATTの**多国間貿易交渉**にも反映されている考え方
で，国際貿易において，二国間の問題でも他国への不利
益とならないように，世界全体の枠組みの中で調整され
るべきとする考え方を何というか。

㉑1973年，スミソニアン体制が崩壊し，主要国は変動
相場制に移行した。1976年，変動相場制を追認したI
MFの合意を何というか。

㉒WTOには二大原則がある。輸入品を国産品と同様に
扱う原則を**内国民待遇**というが，全加盟国に同じ貿易条
件を与える原則を何というか。

㉓1964年の第1回UNCTADでは，特恵関税制度の
導入などの新しい貿易政策を求める議長報告が提出され
た。途上国の開発のためのこの提案を何というか。

㉔累積債務が増大し，利払いや元本の償還が不可能とな
る状態を何というか。

㉕2001年，WTOの多角的貿易交渉が開始された。途
上国の開発を主な目標としたが，農産物をめぐる対立で
決裂し，妥結のめどがたっていない交渉とは何か。

㉖日本は1964年にIMF8国へ移行し，外貨の使途
規制（為替管理）を撤廃した。このことを何というか。

㉗外国からの投資，外国金融機関の進出，外国企業との
提携や合併など，外国資本の流出入の制限を取り外し，
自由にすることを何というか。

㉘ユーロはEU27か国のうち，デンマークなどを除く
19か国で流通している。ユーロ圏の金融政策をつかさ
どる機関を何というか。

㉙日本銀行による金融政策の目的の一つで，必要に応じ
て**外為市場**へ介入し，適正な為替水準の維持を図る役割
を何というか。

㉚変動相場制の下では，短期的な府金面要や投機的な資
本移動が変動要因となる。国際収支や物価，労働生産性
などに左右される長期的な要因を何というか。

㉛先進国と発展途上国との間にみられる国際分業で，工

⑳多国間協議

㉑キングストン合意

㉒最恵国待遇

㉓プレビッシュ報告

㉔債務不履行（デフォルト）

㉕ドーハ・ラウンド（ドーハ開発アジェンダ）

㉖為替の自由化

㉗資本の自由化（資本自由化）

㉘欧州中央銀行（ECB）

㉙国際収支の均衡

㉚ファンダメンタルズ説

㉛垂直的分業（垂

業製品と一次産品を取引する形態の国際分業は何と呼ばれるか。

㉜比較生産費説を展開した**リカード**の主著を答えよ。

直貿易）

㉜『経済学および課税の原理』

ランクC

❶アメリカの中央銀行制度の名称は何というか。

❷商品の輸出入や旅行，特許権等使用料，輸送などの収支を何というか。

❸金融収支を構成する項目で，株式・債券（金融派生商品＝デリバティブを除く）など，利子・配当の収益を目的として行われる国際投資を何というか。

❹金融収支を構成する項目で，企業の買収や経営支配を目的に行う対外投資の勘定を何というか。

❺将来性はあるが，国際競争力が弱い産業を保護すべきであるとするリストの論説を何というか。

❻スウェーデンの経済学者カッセルが唱えた，為替相場は，各国通貨の対内的購買力によって決まるとする考え方を何というか。

❼通貨当局が自国の通貨価値を適正化するため，外国為替市場に介入して外国為替手形の売買を行うことを何というか。

❽外国為替市場で円を売ってドルを買う「ドル買い・円売り介入」の為替介入を行う場合の目的は何か。

❾外国為替市場でドルを売って円を買う「円買い・ドル売り介入」の為替介入を行う場合の目的は何か。

❿同一・同種の商品価格に，国内と国外とで格差があることを何というか。日本では1970年代から1990年代に問題とされたが，現在ではこの格差は縮小傾向にある。

⓫石油危機による景気停滞を乗り越えるため，日本企業は欧米諸国に対する輸出を急増させた。後の貿易摩擦の原因となったこの輸出急増は何と呼ばれたか。

⓬国際連帯税の一例で，国境を超える特定の経済活動に税金をかける手法を，経済学者の名前にちなんで何というか。

⓭日本のアジア各国との貿易は，機械などを輸出し，消

❶連邦準備制度

❷貿易・サービス収支

❸間接投資（証券投資）

❹直接投資

❺幼稚産業保護理論

❻購買力平価説

❼為替平衡操作（為替介入）

❽円高阻止の為替介入(円高阻止)

❾円安阻止の為替介入(円安阻止)

❿内外価格差

⓫集中豪雨的輸出

⓬トービン税

⓭水平的分業（水

費財を輸入する構造となっている。このような，同一産業内の貿易を何というか。 | 平貿易）

⓮国内の事業活動に関して，相手国やその国民に自国民と同じように待遇することを何というか。 | ⓮内国民待遇

⓯WTOではパネルの設置（紛争処理の枠組み）について，全会一致での反対がない限り採択される方式に変更され，紛争処理機能が強化された。この方式を何というか。 | ⓯ネガティブ・コンセンサス方式

【国際経済の現状と課題】

▰ ランクA ▰

❶国際貿易は，途上国に一次産品への特化を強いることが多い（垂直的分業）。その結果，先進国との経済格差が拡大することを何というか。 | ❶南北問題

❷WTOは，急激な輸入増加が国内産業を破壊するような場合には，一方的な輸入制限措置を発動することを容認している。GATTを継承するこの措置を何というか。 | ❷緊急輸入制限措置（セーフガード）

❸1986年，旧ソ連（現ウクライナ）で起こった原発事故を何というか。 | ❸チェルノブイリ原子力発電所事故

❹太陽光や風力，地熱，バイオマスなどの再生可能エネルギーはクリーンエネルギーとして注目されている。これらの化石燃料に替わるエネルギーを何というか。 | ❹代替エネルギー

❺工業製品から積極的に稀少金属などの資源を取り出すリサイクルの取り組みで，膨大な工業製品を地上資源と見立てることを何というか。 | ❺都市鉱山

❻軍事予算の増大やレーガノミックスの結果，アメリカは膨大な財政赤字と貿易赤字を抱えることになった。これを総称して何というか。 | ❻双子の赤字

❼1930年代の保護貿易の行き過ぎは世界貿易を螺旋状に収縮させ，第二次世界大戦の一因となった。当時形成された排他的・閉鎖的な経済を何というか。 | ❼ブロック経済

❽アジア・アフリカ諸国は，植民地政策によって輸出を一次産品に特化した。その結果，輸出品の価格変動が社会全体に影響するようになった経済を何というか。 | ❽モノカルチャー（単一栽培）

❾1965年，青年が持つ技術や知識を生かして発展途上 | ❾青年海外協力隊

国の開発などに協力する事業を何というか。

⑩ 1980 年代，企業は円高対策として，輸送機械・電気機械などを中心に生産拠点を海外に移転させた。日本の雇用，生産力を損なうこの現象を何というか。

⑩産業の空洞化

ランクB

❶ 2002 年以降，日本はFTAを結んできたが，2006 年以降は貿易，投資の自由化のための規制緩和を含む内容となっている。この包括的な協力協定を何というか。

❶経済連携協定（EPA）

❷ 19 世紀末から 20 世紀初めにかけて資本主義国間においてとられた，資源や植民地獲得競争のために武力をもって開発の遅れた国に進出する政策を何というか。

❷帝国主義

❸ シンガポールなどの 4 か国協定から，太平洋を取り巻く 12 か国による広域経済協定へと発展した。2016 年 2 月に調印されたこの協定は何か（現在は 11 か国）。

❸TPP（環太平洋経済連携協定）

❹ 行き過ぎた自由主義がもたらした世界的規模の経済活動が，環境破壊や多国籍企業による途上国の搾取，通貨危機の発生や経済格差の拡大の原因であるとして，この潮流に反対する運動・姿勢を何というか。

❹反グローバリズム

❺ 近年，堅調な経済成長を続けるブラジル・ロシア・インド・中国・南アフリカの 5 か国のことを何と呼ぶか。

❺BRICS（ブリックス）

❻ 途上国の一次産品などを適正価格で購入することで，南北の経済格差の縮小を図る運動を何というか。

❻フェア・トレード（公平貿易）

❼ 現代は，他国との間にさまざまな原因で対立が生じる。そのうち，輸出入の不均衡や貿易上の障壁，為替相場などを原因とする経済的な軋轢を何というか。

❼貿易摩擦

❽ ウルグアイ・ラウンドは，日本のコメの関税化を猶予した代わりに，消費量の一定割合の輸入を義務づけた。この合意を何というか。

❽最低輸入義務（ミニマムアクセス）

❾ 2011 年 3 月 11 日の東日本大震災により発生した大規模な原発事故を何というか。

❾福島第一原子力発電所事故

⑩ 太陽光・太陽熱・風力・潮力・地熱などは無尽蔵で環境汚染を引き起こさないとされている。代替エネルギーとして期待されるこれらを総称して何というか。

⑩再生可能エネルギー（自然エネルギー）

⑪ 南北問題の解決をめざす国連総会の設立機関は何か（1964 年設立，本部はジュネーブ）。

⑪国連貿易開発会議（UNCTA

D）

⓬ 1992 年にアメリカ，カナダ，メキシコの 3 国で，域内関税撤廃などを目的とする協定が結ばれた。1994 年に発効したこの協定を何というか。（2020 年には**アメリカ・メキシコ・カナダ**協定に変わった）

⓬北米自由貿易協定（ＮＡＦＴＡ，ナフタ）

⓭ 1995 年，南米の関税同盟が発足した。ブラジルとアルゼンチン，ウルグアイ，パラグアイなどが参加したこの統合市場は何か。

⓭南米共同市場（ＭＥＲＣＯＳＵＲ，メルコスール）

⓮ 1967 年，タイ，インドネシア，フィリピン，マレーシア，シンガポールの 5 国で結成され，その後 10 か国となったアジアの経済協力機関は何か。

⓮東南アジア諸国連合（ＡＳＥＡＮ，アセアン）

⓯ 1989 年，貿易・投資の自由化のための日，米，ＡＳＥＡＮなどによる会議が開かれた。現在はロシアなど 21 の国と地域が参加するこの会議を何というか。

⓯アジア太平洋経済協力（ＡＰＥＣ，エイペック）

⓰ 1982 年，メキシコはリスケジューリング（債務返済繰り延べ）を迫り，1998 年にロシアはデフォルト（債務不履行）に陥った。この混乱を何というか。

⓰累積債務問題

⓱ 1961 年，欧州経済協力開発機構（ＯＥＥＣ）から発展して設立された先進国の経済協力機関で，貿易自由化，経済成長，途上国支援を掲げるこの機関を何というか。

⓱経済協力開発機構（ＯＥＣＤ）

⓲ＯＤＡの二国間援助には，青年海外協力隊の派遣などの技術協力，外務省の資金贈与である無償資金協力がある。**有利子**の資金貸与を何というか。

⓲円借款（有償資金協力）

⓳ 1952 年，仏，西独，伊，ベネルクス 3 国の合計 6 か国で設立されたリージョナリズム（地域主義）に基づく地域的経済統合組織を何というか。

⓳欧州石炭鉄鋼共同体（ＥＣＳＣ）

⓴ 1957 年，ローマ条約によってＥＣＳＣ加盟国が設立し，1958 年に対外共通関税や域内資本・労働移動の自由化を行う経済統合組織に発展した組織を何というか。

⓴欧州経済共同体（ＥＥＣ）

㉑ 1960 年，イギリスはＥＥＣに対抗する組織を結成した。現在，ノルウェー，スイス，リヒテンシュタイン，アイスランドで構成される経済協力機関を何というか。

㉑欧州自由貿易連合（ＥＦＴＡ，エフタ）

㉒ 1979 年，ＥＣ（欧州共同体）加盟国間で固定相場制を実現するしくみが発足した。アメリカへの資金流出を

㉒欧州通貨制度（ＥＭＳ）

縮小させるこの通貨制度を何というか。

㉓ 1997 年，パスポート廃止と共通した安全保障政策（ＣＦＳＰ）を目的とする条約が調印された。1999 年に発効したこの条約を何というか。

㉔ 温暖化などの地球規模の問題には，各国が資金を出しあって協力するしくみが必要となる。航空券税など，グローバルな活動に課税する税金を何というか。

㉕ 1992 年，人道的見地，相互依存関係の確認，自助努力，環境保全の四つの柱からなる日本のＯＤＡの基本方針が閣議決定された。これを何というか。

㉖ 2015 年，開発援助の方針が改定され，非軍事目的に限定した他国軍への支援なども容認された。これを何というか。

㉗ 1989 年，アメリカのブッシュ政権は，流通制度や排他的取引・企業間の系列化など，貿易障壁となる日本の社会構造の検討を迫った。この協議を何というか。

㉘ 1964 年，日本はＩＭＦの先進国待遇を適用されるようになり，為替の自由化を開始した。ＩＭＦ協定の第何条の条文を適用される国になったか。

㉙ ドッジ・ラインで設定された 1 ドル＝360 円のように，一つに決められた公定為替レートを何というか。

㉚ 1993 年，アメリカは日本に輸入数値目標を要求し，自動車部品，保険，半導体などで実現された。貿易不均衡の解決のために行われたこの協議は何か。

㉛ 1963 年，日本はＧＡＴＴの先進国待遇を適用されるようになり，貿易の自由化を開始した。ＧＡＴＴの第何条の条文を適用される国になったか。

㉜ 日本は 1963 年にＧＡＴＴ11 条国へ移行し，輸入制限を撤廃した。このことを何というか。

㉝ 1970 年代の世界的な不況を乗り切るために，労働力・賃金・資産などで余剰なものを削減し，効率的な経営をめざすことを何というか。

㉞ **輸出補助金**や**輸入数量割当**など，貿易の障害となる関税以外の要因を何というか。

㉟ 関税の税率を引き上げることで，同種または競合商品

㉓ アムステルダム条約

㉔ 国際連帯税

㉕ 政府開発援助（ＯＤＡ）大綱

㉖ 開発協力大綱

㉗ 日米構造協議（ＳＩＩ）

㉘ ＩＭＦ 8 条国

㉙ 単一為替レート

㉚ 日米包括経済協議

㉛ ＧＡＴＴ11 条国

㉜ 貿易の自由化

㉝ 減量経営

㉞ 非関税障壁

㉟ 関税障壁

を生産する国内産業を有利にすることを何というか。

㊱ブロック経済が採用した保護政策のうち，輸出拡大を図るために自国通貨を意図的に切下げることを何というか。

㊱為替ダンピング

㊲第１次石油ショックによる西側諸国の危機感をテコに，1975年から毎年主要国の首脳が集まる会議が開催されるようになった。この会議を何というか。

㊲先進国首脳会議（サミット［主要国首脳会議］）

㊳1987年10月，ニューヨーク株式市場の株価大暴落は一般に何と呼ばれるか。

㊳ブラック・マンデー

㊴1997年におこったアジア各国の急激な通貨の下落（アジア通貨危機）の始まりとなったできごとは何か。

㊴タイ・バーツ暴落

㊵2009年，同国に誕生した新政権が，財政赤字の規模を大幅に上方修正したことで発生した金融市場の動揺が，ユーロの急落を招いた。この通貨危機を何というか。

㊵欧州債務危機（ギリシア・ショック）

㊶日本，中国，韓国とＡＳＥＡＮ10か国及びオーストラリア，ニュージーランドが中核となり，経済，政治，安全保障などで地域的連携を深めていく経済圏を何というか。

㊶東アジア地域包括経済連携（ＲＣＥＰ）

㊷2015年に発足したＡＳＥＡＮ域内における経済協力の枠組みを何というか。

㊷ＡＳＥＡＮ経済共同体（ＡＥＣ）

▐ ランクＣ ◢

❶著書『21世紀の資本』で，資本の収益（r）が生産や所得の伸び（g）を上回る結果，経済格差の拡大は止まらないと指摘したフランスの経済学者は誰か。

❶ピケティ

❷2018年，アメリカ，カナダ，メキシコがＮＡＦＴＡの再交渉を行い，2020年7月に発効した協定を何というか。

❷米国・メキシコ・カナダ協定（ＵＳＭＣＡ）

❸ソーシャル・ビジネスの典型例で，**マイクロ・クレジット**（少額融資）を通じた自立促進活動を展開するバングラデシュの銀行名は何か。

❸グラミン銀行

❹1992年に調印された条約により，ＥＣは共通の政治的・社会的統合をめざすＥＵ（欧州連合）に発展した。1993年に発効したこの条約を何というか。

❹マーストリヒト条約（欧州連合条約）

❺1969年，ＩＭＦ加盟国の通貨に対する請求権が創設された。通貨ではないが，キングストン合意でＩＭＦの

❺特別引き出し権（ＳＤＲ）

中心的な準備資産と位置づけられたしくみは何か。

❻ 1974 年，国連総会は「新国際経済秩序（ＮＩＥＯ）」樹立宣言に次いで「諸国家の経済権利義務憲章」を採択した。天然資源の恒久主権を求める途上国の主張は何か。

❼ 有力な資源に恵まれず，開発や工業化も遅れている低所得国を何というか。

❽ マネタリズムに基づき，アメリカの**レーガン**大統領が行った減税と規制緩和を大きな柱とする経済政策は何か。

❾ アメリカの低所得層などを対象とした高金利の住宅ローンをめぐる問題で，2007 年の夏以降に表面化し，金融危機を世界に広げた事件を何というか。

❿ 2016 年 2 月に調印された，太平洋を取り巻く 12 か国による広域経済協定だが，発効前にアメリカが離脱し 11 か国となった。2018 年 12 月に発効した 11 か国による協定を何というか。

⓫ 中国の習近平が掲げた構想で，中国とヨーロッパを結ぶ交易路に新たな経済圏を構築する構想を何というか。

⓬ 中国の「一帯一路」構想を金融面で支える組織として 2015 年に 57 か国で設立された機関は何か。

⓭ 経済協力開発機構（ＯＥＣＤ）には，援助の量的拡大と質的向上について意見調整を行う委員会がある。29 か国とＥＵからなるこの委員会を何というか。

⓮ 2007 年の欧州理事会で，ＥＵ憲法条約を簡素化し，大統領に相当する欧州理事会議長などを創設する改革条約が調印された。2009 年に発効したこの条約を何というか。

⓯ 1974 年，国連資源特別総会は途上国の**資源ナショナリズム**の要求に応えて，天然資源の恒久主権などを認める宣言を採択した。この宣言を何というか。

⓰ 2001 年，アフリカ統一機構は，欧州連合（ＥＵ）をモデルとして将来の通貨統合も視野に組織を改組することを決めた。新しい組織の名称を何というか。

⓱ 各国の為替相場を市場での為替の需給関係にのみ委ね，自由に変動させる外国為替相場を何というか。

---

❻資源ナショナリズム

❼後発発展途上国（ＬＤＣ）

❽レーガノミクス

❾サブプライム・ローン問題

❿ＴＰＰ11（包括的及び先進的ＴＰＰ，ＣＰＴＰＰ）

⓫「一帯一路」構想

⓬アジアインフラ投資銀行（ＡＩＩＢ）

⓭開発援助委員会（ＤＡＣ）

⓮リスボン条約

⓯新国際経済秩序（ＮＩＥＯ）樹立宣言

⓰アフリカ連合（ＡＵ）

⓱変動為替相場制（フロート制）

❸アジアの発展途上国のなかで急速に工業が発展し，貿易などで先進国と肩を並べるまでになった，韓国・台湾・香港・シンガポールなどの国や地域を特に何というか。

❸アジアNIEs
（アジアニーズ）

❹政府開発援助（ODA）で用いられる概念の一つで，物資・サービスの調達先が国際競争入札によって決まる（ひもつきではない）援助の割合を何というか。

❹アンタイド比率

❷日本の政府開発援助（ODA）には，無償・有償の資金援助の他，どのような援助があるか。

❷技術協力

㉑アメリカの国内通貨であるドルが同時に国際通貨でもあることから生じる矛盾は一般に何と呼ばれるか。

㉑流動性のジレンマ

㉒プラザ合意の結果，急速なドル安が進み，欧州や日本の輸出が停滞したため，1987年のG7においてドル安の是正や通貨安定のために協調介入を行うことで合意した。この合意を何というか。

㉒ルーブル合意

㉓円高不況への対処から日本銀行が実施した金融緩和政策を何というか。

㉓超低金利政策

㉔日本企業が海外進出する目的には，生産コストの削減や税制上のメリットに加え，少子高齢化と人口減少を背景に縮小する国内市場への対応という側面もある。後者の新たな需要を海外に求めることを何というか。

㉔海外市場の拡大
（海外販路の拡大）

㉕1986年，EC加盟国の経済的統合を一層促進するために締結された条約は何か。

㉕単一欧州議定書

㉖EU域内における人の移動の自由化を認めた1985年調印の協定を何というか。

㉖シェンゲン協定

㉗EU加盟国と，スイスを除くEFTA加盟国とが，1994年に西欧統一市場をめざして形成したものは何か。

㉗欧州経済領域
（EEA）

㉘1957年，欧州の経済統合を目指す条約が結ばれた。この条約は何と呼ばれるか。

㉘ローマ条約

㉙2004年のEUの10か国拡大と，それに伴うEUの機構改革を行うため，2001年に調印され，2003年に発効した条約は何か。

㉙ニース条約

㉚発展途上国間でも，産油国やNIEs諸国のように経済発展をみせた国と，経済成長できない最貧国との経済格差が広がっている。この格差にかかわる問題を何とい

㉚南南問題

うか。

㉛アジア地域の開発を促すため，1966 年にマニラに設立された銀行を何というか。

㉛アジア開発銀行
（ＡＤＢ）

5　持続可能な社会をつくる

ランクA

❶国民一人ひとりに12桁の識別番号を割りふり，納税や社会保障などにかかわる情報を国が一元的に管理するしくみを何というか。

❷個人が，通信機器を用いていつでも自由に必要な情報にアクセスできる環境にある社会を何というか。

❸職業・年齢・所得のほか，先進国と開発途上国，受けることのできる教育の違いなどによって，情報技術を利用できる者とできない者とが生じる。両者の間に広がる不平等・不均衡を何というか。

❹電気の消費地に発電装置を隣接させることで，発電過程で生じる排熱を暖房や給湯などの熱源に活用して，エネルギー効率を高める技術を何というか。

❺日本政府は，狩猟，農耕，工業，情報社会に続く未来社会（Society5.0）を「人間中心の世界」と位置づけているが，「仮想空間と現実空間を高度に融合させたシステム」で経済発展と何を両立させると謳っているか。

❻2021年9月にデジタル社会の実現に向けて司令塔として設置された行政機関は何か。

❼1960年代にコメの過剰生産が問題となった。1971年から2004年まで，政府が奨励金を支給して休耕，転作を促した生産調整政策を何というか。

❽経営の多角化を進め，生産・加工・流通・販売を一体化することで，第1次産業と第2次・第3次産業との融合を図り，付加価値を拡大しようという農家の取り組みを何というか。

ランクB

❶あらゆるモノがインターネットにつながれるしくみを何というか。

❶マイナンバー制度

❷ネット社会（ユビキタス社会）

❸デジタル・デバイド(情報格差)

❹コージェネレーション（熱電併給）

❺社会的課題の解決

❻デジタル庁

❼減反政策

❽農業の六次産業化

❶IoT（インターネット・オブ・シングス）

❷悪意を持つ人間が人工知能を使って「虚偽情報」を量産，拡散させ，世論誘導を試みる事例が散見されている。このような虚偽情報を一般に何というか。

❷フェイク・ニュース

❸ドイツでは，ＩｏＴ（インターネット・オブ・シングス）を，蒸気，電気，オートメーション（自動化）に次ぐ第四の産業革命と位置づけている。これを何というか。

❸インダストリー4.0

❹ネットワーク上にあげられたありとあらゆる情報で，これまでのデータベース管理では分析がむずかしいデータ群を何というか。

❹ビッグデータ

❺計算方法を意味する言葉で，ブラックボックス化することで新たな人権侵害を生みかねないと危惧されている，人工知能がビッグデータを処理する「問題処理の手順」のことを何というか。

❺アルゴリズム

❻1961年に制定されて1999年に改廃された法律で，農業政策の基本方針を示し，他産業との所得均衡の実現，自立経営農家の育成，畜産・果樹・野菜など成長作物への選択的拡大を掲げた法律は何か。

❻農業基本法

❼1942年，食糧の需要と供給を政府が管理する法律が制定された。戦中期から終戦直後は食糧難対策，その後は農家の所得補償を目的とした法律は何か。

❼食糧管理法

❽1999年，農業基本法（1961年制定）に代わる法律が制定された。日本の農業の再生を目的とし，「農政の憲法」といわれるこの法律は何か。

❽食料・農業・農村基本法（新農業基本法）

❾アメリカの社会学者Ｄ．ベルは，工業社会（産業社会）の次に，サービス業などが経済の中心となると主張した。このような情報社会・知識社会を何というか。

❾脱工業化社会

❿農村地域の活性化のために，長期滞在型の農山村観光が推奨されている。都市住民に田舎暮らしやスローライフを提供する「体験民宿」などを何というか。

❿グリーンツーリズム

⓫中小企業が，地域の歴史・文化・気候風土などの特性を生かした事業を行う産業を何というか。

⓫地場産業

⓬農業基本法が掲げたモデル農家の名称で，ほぼ農業だけで他産業従事者並みの所得を得られる規模の家族経営農家を何というか。

⓬自立経営農家

⓭農家が米の増産で所得を確保しようとしたため，米供

⓭過剰米問題

給が増加し，一方で食生活の多様化によって国民の米離れが進んだ結果生じた問題を何というか。

⓮コメやコムギなどの買い入れや売り渡しなどに関する経理を一般会計と区分して何というか。

⓮食糧管理特別会計

⓯ＧＡＴＴのウルグアイ・ラウンド合意に基づき，日本は1995年から国内消費量の一定割合のコメ輸入が義務づけられた（ミニマムアクセス）。このことを一般に何というか。

⓯コメ市場の部分開放

⓰ウルグアイ・ラウンド合意を受け，日本は1999年からミニマムアクセスを超えた分は，関税をともなう自由化を行うという政策に移行した。これを何というか。

⓰コメ輸入の関税化（コメ輸入の自由化）

⓱一般的な旅行とは異なり，自然探訪の他，文化・歴史等を観光の対象としながら，環境の保全と持続可能性への思慮を深める旅行を何というか。

⓱エコツーリズム

⓲65歳以上の高齢者がその地域の過半数を占め，共同体としての機能維持が困難になった地域を何というか。

⓲限界集落

ランクC

❶人工知能がその人の嗜好を推定し，情報を選んで提示することで，利用者が好みの情報だけに取り囲まれる状態となることを何というか。

❶フィルターバブル

❷大規模災害などで，傷病の緊急度や程度に応じて識別票が使われ，命の優先順位がつけられることを何というか。

❷トリアージ

❸パワードスーツやロボット義手など，医学・生命科学にもとづく技術的な介入によって，人間の能力や性質を改良・強化することを何というか。

❸エンハンスメント

❹個人の購買履歴やウェブサイトの閲覧履歴などから，その人の趣味嗜好，健康状態まで人工知能（ＡＩ）に予測させることを何というか。

❹プロファイリング

❺ネット金融や企業などで始まっている，人工知能（ＡＩ）などを用いて個人の信用度を点数化する新サービスを何というか。

❺スコアリング

❻著書の『1984年』において，監視社会の恐ろしさを描き，警鐘をならした人物は誰か。

❻オーウェル

❼ビット（0または1）単位で計算する従来のコンピュー

❼量子コンピュー

タに対して，キュービット（Qbit：0でありながら1）
単位を利用して情報処理を行うコンピュータを何という
か。

タ

❽情報通信技術（ICT）の浸透によって，人々の生活
をあらゆる面でより良い方向に変化させることを何とい
うか。

❽デジタル・トラ
ンスフォーメー
ション（DX）

❾「超越した」「宇宙」を意味する語句を合成した造語で，
コンピュータネットワークに構築された現実世界とは異
なる三次元の仮想空間や，そこから生まれるサービスを
総称した言葉は何か。

❾メタバース

❿棚田には，雨水の急激な流下を防ぐ保水機能がある。
環境や景観，水資源の確保など，農業に備わっている食
糧生産以外の機能を何というか。

❿農業の多面的機
能

⓫1995年，食糧管理法に代わる法律が施行された。コ
メ・ムギの生産や流通について定めたこの法律は何か。

⓫新食糧法（食糧
法）

⓬農産物の需給バランスは一国の平和と安全に大きな影
響を及ぼす。食料の安定供給を確保するための備えを何
というか。

⓬食糧安全保障

⓭将来的には人工知能やロボットを活用した農業の自動
化も実現するとされる。このような農業を総称して何と
いうか。

⓭スマート農業
（スマートアグ
リ）

⓮観光立国を目指し，「良好な景観は，現在及び将来に
おける国民共通の資産」であるとした，2004年制定の
法律は何か。

⓮景観法

⓯観光客を積極的に誘致し，観光関連消費によって国民
経済の基盤の支える国家を何というか。

⓯観光立国

⓰イギリスの古典派経済学者で，主著『人口論』（1798年）
において，食料は算術級数的にしか増加しないのに，人
口は幾何級数的に増えるので，貧困や悪徳が必然的に発
生すると主張した人物は誰か。

⓰マルサス

⓱「人口は幾何級数的に増加するのに対して，食糧は算
術級数的にしか増加しない」として人口抑制を説いたマ
ルサスの主著は何か。

⓱『人口論』

テスト
対策演習

編

1　正誤・選択問題への対処法

1．社会学・青年心理

　青年期は，特殊な時期である。K．レヴィンは，社会的集団の周辺に位置し，特定の役割を引き受けない青年を〔マージナル - マン〕（境界人）と呼んだ。また，ダン＝カイリーは大人になりたがらない青年の傾向を「ピーターパン - シンドローム」と表現した。

　エリクソンの「ライフサイクル８段階説」によると，人は，乳児期，幼児初期，遊戯期，学童期，青年期，前成人期，成人期，老年期と段階的に成長する。青年期は〔アンデンティティ〕（自我同一性）を確立する時期であり，豊かになった社会はそのための試行錯誤を許容する。青年に与えられたこの猶予期間を〔モラトリアム〕という。

＊　＊　＊

問　諸説に関し，次の❶〜❹のうちから不適切な記述を一つ選べ。

❶マズローの「欲求階層説」によると，人は生理的な欠乏欲求から安全，愛情，尊厳を経て，自己実現を求める成長欲求へ欲求内容を発展させ，人格を完成させる。

❷ハヴィガーストは，社会が要求する課題は発達段階に応じて異なるとする「発達課題」説を唱えている。青年期とは，男女の確立と家庭形成，親からの精神的・経済的自立，社会人として知識・価値・行動を確立する時期なのである。

❸D．リースマンによると，大衆社会では中世封建社会のように伝統指向型であったり，19世紀近代社会のように内部指向型であることが許されない。社会に適応しようとするほど他人指向型となることが強要される。その結果，「孤独な群衆」となってしまうのである。

❹地球上にはさまざまな社会が存在する。このような考え方を文化相対主義といい，『菊と刀』を著したマーガレット＝ミードもその立場にたつ一人である。ルーズ＝ベネディクトは南洋サモアを調査し，子どもから大人へと瞬時に切り替わる現象に，青年期は近代社会が創出したことを明らかにした。

＊　＊　＊

＊❹が不適切。マーガレット＝ミードとルーズ＝ベネディクトの人名が逆

である。正確な知識があれば自信をもって解くことができる。しかし，名詞を入れ替えた類いの出題は行われやすい，とあたりをつけるのも，迅速な解答のための一つの手法である。

2．近現代の思想 ---

　ドイツに形成された「フランクフルト学派」は，理性が「洞察・反省の能力」ではなく，「支配のための主観的な道具」化に陥り，野蛮な結果を引き起こす危険性があると分析した。実際，ナチスのように合理化・体系化を進めて「脱呪術化」したあげくに，より野蛮になる集団も出現した。

　〔ホルクハイマー〕はアドルノとの共著である『啓蒙の弁証法』で，理性による自然の支配がもたらす人への抑圧を「批判理論」により解明した。

　〔アドルノ〕は大衆の権威主義的パーソナリティを批判し，体系を求めずに限定的に否定し続ける「否定弁証法」を提唱した。〔フロム〕は，孤独感から全体主義へ無意識のうちに積極的委任をする大衆を「自由からの逃走」と分析した。〔マルクーゼ〕は管理され，批判性を失った人間を「一次元的人間」と呼んだ。〔ハーバーマス〕は道具的理性の対極にある，討議により生活世界を合理化する「コミュニケーション的理性」の重要性を説いた。

＊＊＊

問　諸思想に関し，次の❶〜❹のうちから適切な記述を一つ選べ。

❶ベーコンは「知は力なり」の言葉で有名であり，良識による演繹法を駆使して大陸合理論の祖となった。

❷デカルトは「我思う，故に我あり」の言葉で有名であり，科学実験的手法による帰納法を駆使してイギリス経験論の祖となった。

❸社会契約説は，個人の自由意思で政府を樹立したと主張する点において共通している。ホッブズ，ロック，ルソーなどが代表者で，全員が市民革命を推進した。

❹『悲しき熱帯』を著したレヴィ-ストロースはM.フーコーらとともに構造主義者とされ，存在物は一つの体系であり，その要素の構造によって差異が生ずると考えた。

＊＊＊

＊❹が適切。思想分野で頻出するのは，デカルト，ベーコン，社会契約説，そしてフランクフルト学派である。そこに構造主義を加えて作問した。正確な知識というよりも，一通りの印象を形成しておこう。❶❷ベーコンとデカルトは前段と後段が逆であり，このような単純な入れ替えにはすぐに気づくようにしよう。❸ホッブズはイギリスの清教徒革命を否定して亡命している。

3. 国民主権と法の支配 --

　国家の対外的独立性や最高の意思決定権を〔主権〕という。それを誰がどのように運営するかには，各国の歴史が反映されている。

　フランスのボーダンは『国家論』において，教会・諸侯に対抗できる君主主権の樹立を提唱した。宗教戦争のような無秩序を克服しようとしたからである。しかし，そこに出現した絶対王政は時に暴政となった。

　17世紀イギリスのエドワード = コーク（クック）は，議会を結束させ，王に法と慣習の有効性，司法の独立を再確認させた。「王といえども神と法の下にある」とのブラクトンのことばを引用して，〔法の支配〕を説いたことでも有名である。以後，議会は王権を縮小させ，抵抗する王を武力で排除した。しかし，元首として王が存続したため，その行政権を制御する必要から〔議院内閣制〕（責任内閣制）となった。内閣は下院に信任の基礎を置き，大臣はすべて議員から選任される。閣内大臣と閣外大臣の種別があることや，二大政党制であることから，政権交代に備えた〔影の内閣〕（シャドー - キャビネット）を制度化している点が特徴である。

　福祉国家（社会国家）となった先進国では，行政権の拡大がさけられない。ドイツのマックス = ウェーバーは，巨大化した組織には官僚制が必然であり，合法的支配が行われると分析した。そこでは，政府が一般社会とは異なる合理性で運営されるとする〔法治主義〕の考え方が形成され，「悪法も法」とする悪しき法治行政に転ずる危険性が生じた。

＊＊＊

問　各国の政治に関し，次の❶〜❹のうちから適切な記述を一つ選べ。

❶イギリスの革命の成果は1689年の「権利請願」に成文化され，「議会優位」が確立された。主権は，法を制定する議会に移ったのである。

❷同様の革命は，「人権宣言」を行ったアメリカ，「独立宣言」をまとめたフランスでも生じた。

❸国民から元首を選出して行政権を付託（ふたく）する「大統領制」となったアメリカでは，行政と司法の接点が，大統領の「教書」と，下院が行う「弾劾（だんがい）裁判」，議員・行政官が同席して協議する「常任委員会」制などに限られる。

❹ナチスの反省の上に立つドイツは，「憲法裁判所」を設置して点検につとめている。法の抽象的審査を可能としているのが特徴である。

＊＊＊

＊❹が適切。❶「権利請願」ではなく，「権利章典」。❷「独立宣言」と「人権宣言」が逆という単純な設定。❸下院が訴追し，上院が弾劾する。

4．基本的人権の発展 --

　人権とは，国家が保障する国民の権利である。

　17世紀以降，国家権力による国民の私生活への介入を排除する〔自由権〕が，様々な権利章典において成文化されるようになった。中でも，イギリスで発布された「権利章典」は各国に影響を与える法源として重要である。

　18世紀，アメリカで宣言された〔バージニア権利章典〕において，自然権としての人権が初めて明文化された。すべての人が「生来ひとしく自由かつ独立しており，一定の生来の権利を有する」との規定は，「一定の奪いがたい天賦の権利を付与されている」とする〔アメリカ独立宣言〕や，「合衆国憲法」修正第1～10条に継承された。また，アメリカの独立を支援したフランスは，その影響を強く受け，18世紀の人間観・国家観を集大成する〔人および市民の権利宣言〕（フランス人権宣言）を発した。人は自然権に裏づけられて「自由かつ権利において平等なものとして出生し，かつ生存する」のであり，主権は国民にあり，「権利の保障が確保されず，権力の分立が規定されない」社会は憲法を有するとはいえない，とした。

　19世紀になると，圧政に抵抗する手段としての「請願権」にとどまらない，議会に参加して国家意思の形成にかかわる「参政権」が求められた。20世紀には，ロシア革命の波及を防ぐために，資本主義の改良がはかられた。ドイツの〔ワイマール憲法〕は「所有権は義務をともなう」として，経済の自由に〔公共の福祉〕による制限を加え，「人間たるに値する生活」としての〔生存権〕と，団結権・団体交渉権などの「労働基本権」，無償公教育による「教育権」を保障した。

＊　＊　＊

問　基本的人権に関し，次の❶～❹のうちから適切な記述を一つ選べ。

❶18世紀に求められた自由権の中核は「不平等からの自由」である平等権であり，次に信教の自由などの「精神の自由」が求められた。

❷普通選挙を要求したイギリスのチャーティスト運動は「参政権要求」のさきがけであり，女性参政権を含めた普通選挙を実現した。

❸「国家による自由」である「社会権」は，アメリカのF．ローズベルト大統領の「四つの自由」，戦後の「世界人権宣言」，「国際人権規約」の特にA規約へと継承され，普及した。

❹日本国憲法は，歴史の成果として多くの人権を保障している。憲法に明文化されていない「新しい人権」についても，「プライバシー権」や「環境権」「知る権利」などを判例で認めている。

＊　＊　＊

＊❸が適切。❶第一に，財産権などの「経済の自由」，次に恣意的拘束を否定する「人身の自由」が求められた。❷女性参政権を含めた普通選挙の普及は，第一次世界大戦後のことである。❹「プライバシー権」は確立されているが，「環境権」と「知る権利」は確立されていない。

5. 平和主義の変貌 --

　日本の平和主義はアメリカの国際戦略により変遷し，いくつかの節目を有する。第1期は，第二次世界大戦直後である。平和的手段による国際紛争の解決が追求され，1945年に国際連合が結成され，1946年に平和憲法が制定された。第2期は，1950年の朝鮮戦争に始まる。翌51年に，サンフランシスコ講和条約と〔日米安全保障条約〕が締結され，米軍は「極東の平和のため」に駐留するようになる。1960年の改定では，日米の共同防衛義務が明記され，〔事前協議制〕を導入した上で，米軍の特権的駐留を日米地位協定で認めた。第3期は，1991年の湾岸戦争である。このころから「人的貢献」が叫ばれだし，1992年に〔PKO協力法〕が制定された。安保も1996年に再定義され，1997年の「新ガイドライン」（新しい日米防衛協力のための指針），1999年のガイドライン関連3法制定によって変質した。〔周辺事態法〕では，国会の事後承認で米軍を自衛隊が後方支援することが可能となったのである。第4期は，2001年9月のアメリカの「同時多発テロ」である。ほどなく制定された〔テロ対策特別措置法〕は，国連要請のない海外派兵を可能にした。実際，米軍のアフガニスタン攻撃に協力し，インド洋にイージス艦・燃料補給艦を派遣した（07年に同法の期限切れ後，新法が成立したが，10年に失効）。2003年には〔イラク復興支援特別措置法〕が制定され，相手国の同意を欠く自衛隊派遣がなされた（06年に陸上自衛隊が撤退し，航空自衛隊も08年に撤退）。2011年には，ソマリア海賊対策を名目に，ジブチ共和国に初の海外自衛隊基地が建設された。

　平和主義にかかわる諸政策のうち，1967年の政府統一見解で示された「武器輸出禁止三原則」は，1983年からアメリカを例外とするように変更された。1976年の三木内閣の防衛費「GNP比1％枠」閣議決定は，1987年に中曽根内閣の「総額明示方式」により，事実上撤廃された。1971年に国会で決議された〔非核三原則〕も空洞化が進んでいる。〔シビリアン - コントロール〕（文民統制）も，有事法制整備の中で「安全保障会議」に自衛隊の制服組が参加できるように改められ，後退した。2014年には［集団的自衛権］の行使が，閣議決定により，一定の条件のもとで容認されることになり，さらに，2015年に平和安全法制整備法と国際平和支援法が成立し，日本の安全保障政策は

大きく変化している。

***

問　日本の防衛政策に関し，次の❶～❹のうちから不適切な記述を一つ選べ。

❶1950年に「保安隊」が創設され，1952年の「警察予備隊」，1954年の「自衛隊」改組へとつながった。

❷アメリカは安保理のイラク制裁決議，武力行使容認を受けて多国籍軍を進攻させた。日本は130億ドルの戦費を提供したが，クウェート政府の感謝広告の対象とはならなかった。

❸PKOは，国連の要請を受け，カンボジアや東ティモールなどに派遣された。2001年にはPKFに参加できるように改正された。

❹武力攻撃を受けた際の対処方法を定めた武力攻撃事態法や，戦時に人権を制限する国民保護法など有事法制関連法が，2003年から2004年にかけて順次成立した。

***

＊❶が不適切。「保安隊」と「警察予備隊」とが逆である。平和主義そのものについてはそれほど多く出題されないが，日本国憲法の三大原理の一つであり，時事的な常識としても知っておいてほしい。

6．国連の役割 --

国連憲章第51条は，軍事同盟関係にある国が攻撃された場合に共同防衛行動をとる〔集団的自衛権〕を認めている。しかし，第二次世界大戦中の例外的規定であり，第53・107条の旧敵国条項同様に死文化していると解するべきである。国連の主眼は国際紛争を未然に防ぎ，問題を平和的に解決することにある。国連の平和維持の中心機関は〔安全保障理事会〕である。大戦に迅速に対応するため，戦闘の主力であった英・米・仏・中・ソ（露）の5か国を常任理事国として，〔拒否権〕を与えている。重要事項の決議には，全常任理事国を含む9か国以上の特別多数を要するのである。

拒否権を抑制しようとする動きは，アメリカから生じた。国連軍を朝鮮戦争に送るために，ソ連の拒否権を排除しようと「平和のための結集決議」を行ったのである。拒否権で安保理が機能しなくなったときには，総会が安保理に代わって〔集団安全保障〕の発動（集団的措置をとる。武力によるとは限らない）を加盟国に勧告できる。これまでに10度以上決議されており，2022年には，ロシアに対するウクライナ侵攻の即時撤退を要請する決議が出されている。

***

問　国連の活動に関し，次の❶～❹のうちから不適切な記述を一つ選べ。

❶国連は常設の国連軍を有しない。そこで，憲章に明文規定のない「6章半」の活動としてPKO（平和維持活動）を生みだした。派遣は安保理または総会によって決定され，1948年以降数多く派遣されている。受け入れ国の同意，内政不干渉，中立を原則とし，経費は加盟国の分担率に応じた負担で賄（まかな）われる。

❷国連の本来の活動は軍縮の実現にある。1952年に安保理の補助機関として設置された「軍縮委員会」は，1978年に総会の補助機関として復活した。国連と連携して軍縮交渉を行うジュネーブ軍縮会議が1990年代後半から活動停止状態にあるため，代替機能を発揮しつつある。

❸核兵器に関して国連は，1968年の総会でCTBT（核兵器不拡散条約）を採択し，日本をはじめ190か国が批准している。1978年の第1回SSD（国連軍縮特別総会）では「核兵器全廃宣言」を行い，1996年の国連総会ではNPT（包括的核実験禁止条約）を採択している。

❹通常兵器に関しても1972年の「生物兵器禁止条約」や，1993年のジュネーブ軍縮会議での「化学兵器禁止条約」が採択されている。日本も批准し，その発効後は中国に遺棄（いき）した化学兵器の処理義務が発生した。1997年の「オタワ条約」では対人地雷が禁止され，日本も批准後，実戦向けの地雷の廃棄を行った。

＊＊＊

＊❸ が不適切。NPTとCTBTが逆である。一つの記述に二つの内容の文章がある場合には，その主語と目的語が入れ替え可能かどうか，点検しよう。CTBTは2012年現在，157か国が批准している。NPTは190か国が批准している。締約していないのは，インド・パキスタン・イスラエルの3か国。北朝鮮は脱退宣言をしている。

＊＊＊

問　国際社会の仕組みに関する記述として最も適当なものを，❶～❹のうちから一つ選べ。

❶国際法上，国家の領域を構成するのは，領土，領海，領空のほか，排他的経済水域である。

❷国際連合の六つの主要機関は，総会，安全保障理事会，信託統治理事会，国際司法裁判所，事務局のほか，人権理事会である。

❸「関税及び貿易に関する一般協定（GAIT）」を引き継ぎ国際機関として誕生したのは国際復興開発銀行（IBRD）である。

❹貧困　人権侵害などの脅威から，人間一人一人を守る「人間の安全保障」

の考えを『人間開発報告書』で示したのは国連開発計画（UNDP）である。

＊＊＊

＊❹が適当。国連開発計画（UNDP）が刊行した1994年版『人間開発報告書』で「人間の安全保障」という考えが初めて公式に取り上げられている。その他の選択肢の内容としては，❶で問われている国家の領域とは，領土，領空，領海の3つであるのは，基本事項としてしっかり押さえたい。❷で問われた国連の六つの主要機関は「人権理事会」ではなく，「経済社会理事会」である。また，❸の選択肢にある関税及び貿易に関する一般協定（GATT）は，世界貿易機関（WTO）に引き継がれた。文中の国際復興開発銀行（IBRD）は国際開発協会（IDA）とともに現在は「世界銀行」と称されている。

7．市場機構と現代企業 ------------------------------------

　資本主義経済は，価格の〔自動調節作用〕（価格機構・価格メカニズム・市場機構）によって，社会全体の需給関係を調整する。アダム＝スミスは自著『諸国民の富』の中で，そのしくみをほぼ次のように説明した。

　完全競争市場のとき，ある財・サービスの一定の価格における〔需要〕（有効需要・買い手）と，〔供給〕（生産者・売り手）の差が価格を上下させる。そこに決定されるのが〔市場価格〕である。社会の平均的な生産価格である「自然価格」との差が生じると，利潤率が増減する。利潤率が高いときには生産が拡大，開始され，低いときには生産が縮小，停止される。このようにして，経済主体の利己心の発揮が資源の最適配分という調和を実現する。しかし，市場は限界を有する。これを「市場の失敗」という。

　1950年代以降の独占緩和政策により，三菱・三井・住友・富士・第一勧業・三和の各銀行を中核とする「6大企業集団」が形成されたが，バブル崩壊後に，東京三菱・三井住友・みずほ（旧富士＋第一勧業）・ＵＦＪ（旧三和など）の4つの集団に再編された。

　1997年には，「持ち株会社」（他社支配を目的として事業活動をしない）が解禁され，企業集中は容易となった。支店網を世界的に展開して〔多国籍企業〕として活動する企業がある一方，解禁当初は，金融持株会社を設立した金融機関の再編が進んだ。現在，持ち株会社制度は様々な業種におよび，〔ホールディングカンパニー〕とも称されて企業間の結びつきにも変化があらわれている。

＊＊＊

問　市場の失敗に関し，次の❶～❹のうちから不適切な記述を一つ選べ。
❶「独占」（寡占）によって自由な競争が失われると，価格や数量が人為的

に操作され，市場機構が機能しなくなることが多い。

❷道路・港湾・上下水道などの「公共財」は，政府が安価，無償で提供するため市場が成立しないが，市場機構はその存在を前提にしている。

❸経済は社会の一部であり，「外部経済」（他の経済主体に好影響をあたえる）や「外部不（負）経済」（公害のように悪影響をもたらす）のように，市場機構には経済外的要因の影響がさけられない。

❹日本ではイギリスのシャーマン法やクレイトン法を手本にして，1947 年に独占禁止法が制定された。執行や審判を行う公正取引委員会が専門の司法機関として設置され，何度か法改正が行われている。

*　*　*

＊❹が不適切。シャーマン法や，それを補強したクレイトン法はイギリスではなく，アメリカの法律である。また，公正取引委員会は司法機関ではなく，行政委員会である。

　独占には「カルテル」「トラスト」「コンツェルン」などの形態があるが，需給関係が市場価格に反映しない「価格の下方硬直性」を起こす点においては共通する。他方，広告・宣伝などの「非価格競争」は残存するため，甚大（じんだい）な供給過多を引き起こす危険性を有する。政府は社会的混乱を防ぐため，インフラストラクチャー（社会的生産基盤）の整備や，経済主体間の利害調整とともに，経済に介入せざるを得ない。市場の自由は部分的に否定される。

8．経済循環と景気変動 --

　経済主体の行動は，財・サービス・貨幣の流れを引き起こす。この現象を「経済循環」という。流れは，社会全体の需要と供給の不均衡によって停滞したり，加速したりして，生産量・雇用状況・商品価格を変動させる。これを〔景気変動〕（景気循環）という。

　景気循環は，内閣府が発表する「景気動向指数」（DI。現在は合成指数＝CI が用いられる）にあらわれ，一定の周期と固有の原因が見られる。特に，その周期（期間）にはおおむね，「1 コンドラチェフ＝ 3 クズネッツ＝ 6 ジュグラー＝ 12 キチン」という相関がある。この景気変動を緩和し，経済を安定させるのが「経済政策」である。

　主として日本銀行が行う「金融政策」には，(1)〔預金準備率操作〕（準備預金制度），(2)〔公定歩合操作〕（金利政策），(3)〔公開市場操作〕（オープン - マーケット - オペレーション）などがあるとされてきたが，現在ではほぼ，公開市場操作のみである。資金量を直接・間接に調節することで有効需要を操作しようとする。なお，日銀は現在，「公定歩合」という言葉の代わりに「基

準割引率及び基準貸付利率」を用いている。

　政府が，課税や公債による歳入と歳出を通じて行う〔財政〕には，次の3機能がある。(1) 累進課税制などの税制と社会保障による〔所得の再分配〕，(2) サービスや社会資本の整備を通じて行う〔資源配分の調整〕，(3) 有効需要の調節による〔経済安定の実現〕である。

　経済安定を自然に実現する機能を，財政の自動安定（化）装置〔ビルト-イン-スタビライザー〕という。その機能を強化する補整的（裁量的）財政政策〔フィスカル-ポリシー〕や，支出の拡大を旨とするスペンディング-ポリシーが採られることもある。つまり政府は，景気が低迷すると公共支出の増大や減税などによって有効需要を増加させ，景気過熱時には逆に有効需要を抑制する。これらの政策は金融政策などと一体的に運用されることが多い。これを〔ポリシー-ミックス〕という。近年では各国との協調をはかるための各種の国際会議も開かれている。

* * *

問　景気循環に関し，次の❶〜❹のうちから適切な記述を一つ選べ。

❶ジュグラー循環は，在庫投資に起因し，約40か月周期である。

❷クズネッツ循環は，設備投資に関連し，7〜10年周期である。

❸キチン循環は，住宅投資に起因し，15〜25年周期である。

❹コンドラチェフ循環は，技術革新に関連し，50〜60年周期である。

* * *

*❹が適切。本文を参考に，周期の長い順にコンドラチェフ＞クズネッツ＞ジュグラー＞キチンと並べ替えれば，正解は出現する。各循環については，その周期とともに原因もワンセットにして理解しておきたい。景気変動の主循環はジュグラー循環である。

9. 金融 ---

　商品流通に貨幣は欠かせない。19世紀には，金貨や兌換紙幣が流通する〔金本位〕制度がとられていた。通貨価値の額面からの乖離は，金の海外移動や退蔵を引き起こすため，発行量は金保有量に制限される。

　世界恐慌後の1930年代，各国は順次，不換紙幣を流通させる〔管理通貨〕制度に移行した。中央銀行券の発行が制約されないため，通貨量の操作による景気刺激策が可能となったが，通貨価値と額面の乖離が自動的には調整されないため，インフレやデフレなどの通貨価値の混乱が生じるようになった。一国の通貨量である〔マネーストック〕(旧マネーサプライ)は，一般に「M1＋準通貨＋CD」をさす。M1は「現金通貨」と「預金通貨」の合計であり，

準通貨は「定期預金」など，ＣＤは「譲渡性預金」である。預金通貨は，銀行の連携により当初預金額を上回る貸し出しが可能である。これを〔信用創造〕といい，預金総額＝本源的預金×（１÷預金準備率）で計算される。

　金融政策の主体は「銀行の銀行」であり「最後の貸し手」でもある日本銀行だが，近年そのあり方が激変している。1970年代にアメリカで金融自由化が開始され，80年代にはイギリス，次いで日本にも波及したからである。一連の改革は，金融機関の破綻・吸収・合併の契機でもあった。「日本版金融ビッグバン」という〔規制緩和〕が本格化した1997年には，山一証券・北海道拓殖銀行が破綻している。「バブル崩壊」の中で推進された一連の改革は「失われた10年」を日本にもたらした。

　2008年，アメリカのリーマン・ショックに端を発し，世界金融危機が発生し世界経済は後退した。また，2010年にはギリシャの財政危機からＥＵでの景気後退が続き，2011年には東日本大震災が発生して日本経済は停滞を続けた。2012年になると，日本経済のデフレ脱却をめざしてインフレターゲットの設定や金融緩和・財政出動など，大規模な景気対策を内容とする経済政策が打ち出された。景気回復への期待が高まったが，思うような経済活性化につながっていない。

＊＊＊

問　金融改革に関し，次の❶〜❹のうちから不適切な記述を一つ選べ。

❶金融国際化は，1988年Ｇ10でのＢＩＳ（国際決済銀行）合意により本格化した。金融機関の総資産に占める自己資本の比率を，国際取引を行う銀行は８％以上，国内銀行は４％以上とする基準が定められた。

❷金利自由化は，1994年に全預金の金利が自由化され完結した。金融機関の業務範囲の自由化は，1997年に持ち株会社を解禁する独占禁止法の改正が行われ，進展した。

❸1997年の日本版金融ビッグバンでは，外為法が再改正され，外国為替業務，資本取引の自由化が完成された。また日銀法の改正により，日銀に対する大蔵省（当時）の監督・命令権が削除され，その独立性が強化された。

❹1971年に設立された預金保険機構のしくみによるペイオフは，2002年に実施が予定されていたが，保険会社の反対により2005年まですべての預金について延期された。

＊＊＊

＊❹が不適切。普通預金などについてのみ延期された。現在では，当座預金などの決済用預金を除いて完全実施されている。ペイオフに関しては，保険会社は関係ない。

10. 財政（数字は 2022 年度当初予算）------------------------------------

国や地方公共団体の経済活動が〔財政〕であり，一般会計，特別会計，政府系金融機関，財政投融資の各予算がある。

一般会計の収入を〔歳入〕といい，107 兆 5,964 億円になる。租税などが 64.1％，公債金収入が 35.9％である。公債の累積残高は約 1,029 兆円（2022 年度末）に達すると見込まれる。このほかに地方債残高も 189 兆円ほどあり，合計の対 GDP（国内総生産）比は約 225％となる見込みである。毎会計年度ごとに，内閣が予算を作成し，国会の議決後に執行される。決算は〔会計検査院〕の検査・確認を経たのち，内閣が国会の委員会（衆院は決算行政監視常任委員会，参院は決算常任委員会）に提出する。

国債発行は財政法によって原則禁止されているが，例外として認められている「公共事業費，出資金，貸付金の財源」のための〔建設国債〕が 1966 年度から発行されている。一般会計の歳入不足を補填する〔赤字国債〕（特例公債）も，1975 年度補正予算以降に発行されるようになった。

支出を〔歳出〕といい，歳入と同額になる。全体は，基礎的財政収支対象経費と国債費とに分かれ，おおむね 78％対 22％の比率となる。基礎的財政収支対象経費の中では社会保障関係費が最も多い割合となり，一般会計歳出総額の 32.9％を占める。

1989 年，消費税導入を含む税制改革があり，1997 年には税率が 3％から 5％に引き上げられた。政府は，2011 年度には公債費を除いた収支が均衡する〔プライマリー・バランス〕（基礎的財政収支）の黒字化を達成するとしていたが，実現していない。また，中央から地方への税源移譲と地方交付税交付金，国庫支出金（補助金）の削減を組み合わせた〔三位一体の改革〕も進められてきた。2012 年には社会保障と税の一体改革により，消費税率が 2014 年から 8％に，2015 年から 10％に引き上げられることが決まった。しかし実際に消費税が 10％となったのは 2019 年 10 月からで，あわせて，食品や日用品などの軽減税率（8％）も実施されている。

＊ ＊ ＊

問　財政に関し，次の❶〜❹のうちから不適切な記述を一つ選べ。

❶財政投融資の原資の多くは，郵便貯金や生命保険の掛け金であった。2001 年に「大蔵省資金運用部」が廃止され，金融市場で自主運用されるようになったが，2007 年までは郵貯の引き受けが継続された。

❷独立行政法人などは「財投機関債」を発行するか，それができない場合は「政府保証債」を発行するか，政府が発行する「財投債」で調達した資金を融通してもらうことになる。

❸特別会計予算（2022年度）には，一般会計から約16兆円の組み入れがあり，特定事業もしくは特定資金を運用・管理（外為・食料・年金など）するための会計である。13の会計があり，一般会計の4倍以上の約467兆円（純計約219兆円）の規模に達する。

❹予算・決算に国会決議を要する政府関係機関はかつては数多くあったが，現在は，沖縄振興開発金融公庫・株式会社日本政策金融公庫・株式会社国際協力銀行・独立行政法人国際協力機構の4機関のみである。

＊＊＊

＊❶が不適切。生命保険ではなく簡易保険，国民年金，厚生年金などだった。「財政投融資計画」は，その規模の大きさから「第二の予算」ともいわれた。近年減少し続けてきたが，2008年度以降は増加に転じている。対象の多くは特別会計・地方公共団体・独立行政法人・政府系金融機関などの公共部門であり，内訳では生活環境整備が多くを占める。

11. 戦後の日本経済 --

戦後日本の経済発展は，大きく5期に区分できる。

第1期は，戦後の復興期である。1945年の生産水準は戦中平均の約6分の1に落ち，国民は耐乏生活を強いられていた。この年にGHQによる「経済の民主化」指令が発せられ，農地改革・財閥解体・労働運動自由化の「三大改革」が始まった。

第2期は，高度経済成長期である。朝鮮戦争後には，1954～1957年の〔神武〕景気，1958～1961年の〔岩戸〕景気，1962～1964年の〔オリンピック〕景気，1965～1970年の〔いざなぎ〕景気と，好景気が続いた。

第3期は，1970年代以降の安定成長期である。1971年8月，〔ニクソン・ショック〕によるドルの金兌換停止，円の切り上げや，1973年の第四次中東戦争に始まる〔第一次石油危機〕などの国際要因は，日本経済を混乱させ，1974年には戦後初のマイナス成長を記録した。しかし「省資源・省エネ」の産業転換に成功し，1979年のイラン革命を契機とする〔第二次石油危機〕を乗り切った。このころから欧米との間に貿易摩擦が生じるようになった。

第4期は，バブル経済とその崩壊，その後の2000年に入るまでの時期である。アメリカは1985年，G5で〔プラザ合意〕をとりつけてドル安へと転換した。日銀は景気悪化を予測して金融緩和政策で対処した。そこに出現した低金利は，それまでの規制緩和政策と相乗し，不動産・株価などの資産価格を高騰させただけでなく，資産効果による消費拡大をもたらした。他方，輸入原材料は円高効果により安定したため，物価安定下の好景気を実現した

のである。これがバブル経済である。

　しかし，1990年代に入り，政府の金融引き締め政策などの影響もあってバブルがはじけ，不良債権が発生して，金融機関などの経営が圧迫された。1990年代後半には，リストラなどにより雇用状況が悪化し，不況が深刻化してデフレーションに陥った。このため，1990年代は〔失われた10年〕と呼ばれる。

　第5期は2000年代以降から現代まで。2000年代に入って，いわゆるIT（情報技術）革命の進展もあり，大企業を中心に業績の改善がみられたが，他方で非正規雇用者などが急増し，「格差社会」の広がりが指摘されるようになった。2011年3月11日，2008年のリーマン・ショックから回復しかけた日本経済を東日本大震災が襲い，さらに打撃をうけた。

　翌2012年には安倍首相のもと，超低金利を強行する金融政策や，財政出動でもって不況を克服する方策（〔アベノミクス〕と名付けられた）がとられた。当初は，2年で物価を2％上げるとするインフレターゲット策を公約したが，その後，達成目標を延期しているものの，達成されていない。

＊＊＊

問　日本の戦後経済に関し，次の❶〜❹のうちから適切な記述を一つ選べ。

❶1960年，佐藤内閣は「国民所得倍増計画」を打ち出し，空前の好景気が続いた。1960年代の実質経済成長率は平均11％を記録し，1968年にはイギリスを抜きGNPが世界第2位（一人あたりでは第20位）となった。

❷1980年代の中曽根内閣は，経常収支黒字対策として内需主導型経済への構造転換をはかり，規制緩和を推進した。しかし，日本の黒字の原因は強いドル政策をとるアメリカの双子の赤字にあったため，解決にはならなかった。

❸アメリカの対日通商政策として，1988〜89年の通商代表部が対抗措置をとる「スーパー301条」，1989〜90年の日米の社会構造に問題を求める「日米包括経済協議」，1993〜95年の分野別協議と数値目標を求める「日米構造協議」などを展開した。

❹1989年，大蔵省と日銀は地価抑制のための貸出枠の総量規制を開始し，バブルは崩壊した。回復基調にあった1997年，竹下内閣は消費税導入と「日本版金融ビッグバン」を行い，山一証券や北海道拓殖銀行をはじめとして破綻する金融機関などが続出した。

＊＊＊

＊❷が適切。❶佐藤内閣ではなく池田内閣，イギリスではなく西ドイツ。❸「日米構造協議」と「日米包括経済協議」が逆。❹竹下内閣ではなく橋本内閣，消費税導入ではなく税率5％への引き上げ。

12. 国民所得 --

　国民経済の数量的把握には二つの方法がある。

　一つは〔ストック〕であり，「国民資産」ともいう。その中の実物資産（工場や道路，森林，地下資源など）と対外純資産（残高－負債）の合計を〔国富〕（正味資産）という。国内金融資産はこれには含まれず，生産物を生み出す源泉である。国富は2010年末に約3036兆円であり，うち土地資産が約1205兆円となっている。

　もう一つが〔フロー〕であり，一定期間内（1年）に把握される付加価値の総計である。かつては国民総生産〔GNP〕が多用されたが，現在は国内総生産〔GDP〕が用いられる。「生産物価格の総計（産出額）－中間投入額（原燃料など）－海外からの所得の純受取」の計算で求められる。国民所得〔NI〕とは純粋な付加価値の合計であり，「国民総所得（GNI）－固定資本減耗（減価償却費）－間接税＋補助金」の計算で求められる。総賃金と総利潤の総計でもある。

　〔三面等価の原則〕とは，「生産国民所得＝分配国民所得＝支出国民所得」ということである。

　GDPの対前年（度）伸び率を〔経済成長率〕という。例えば，2009年から2010年の名目経済成長率は，

$$\frac{2010年GDP － 2009年GDP}{2009年GDP} \times 100 （\%）$$

で計算される。

　また，実質GDPは，

$$\frac{名目GDP}{物価デフレーター}$$

で求めることができる。

　OECD（経済協力開発機構）は1989年に，地球環境寄与計算をする〔グリーンGDP〕（環境調整済み国内純生産，EDP）による比較を提言している。

＊　＊　＊

問　ある国で，次のような GDP の変化があるとき，2021 年から 2022 年の名目経済成長率，実質経済成長率の組み合わせとして正しいものを次の❶〜❹のうちから一つ選べ。

	名目 GDP	物価デフレーター
2020 年	118 億ドル	1.3
2021 年	240 億ドル	1.2
2022 年	264 億ドル	1.1

❶名目経済成長率 10%，実質経済成長率 20%
❷名目経済成長率 10%，実質経済成長率 10%
❸名目経済成長率 20%，実質経済成長率 20%
❹名目経済成長率 20%，実質経済成長率 10%

＊＊＊

＊❶が正しい。実質経済成長率は 2021 年 GDP を「240 ÷ 1.2 = 200」，2022 年 GDP を「264 ÷ 1.1 = 240」で求め，「(240 − 200) ÷ 200 × 100」で，2021 年から 2022 年の成長率を計算する。名目経済成長率は，同様の計算をそのままの数字で行う。

13. 世界経済

　世界各国の生産条件は，労働人口，自然条件，資源の相違によって異なる。そこに成立する国際分業と貿易は，資源の効率的活用，国民所得の増加，国民生活の向上などをもたらす。戦後，貿易・為替と資本の自由化を実現するために，ＧＡＴＴやＩＭＦなどのしくみが整えられた。

　ＧＡＴＴはウルグアイ‐ラウンド（多角的貿易交渉）において，1993 年に「例外なき関税化」を合意した。また 1994 年に，ＧＡＴＴを継承する世界貿易機関〔ＷＴＯ〕の設立も合意した。ＷＴＯは，(1) 物と知的財産権の国際ルール確立，(2) 農業自由化の促進，(3) 貿易紛争処理権限の強化を推進している。

　1944 年，物の流れにともなう金の流れを自由化するために「国際通貨金融会議」がアメリカのブレトン‐ウッズで開かれ，国際通貨基金〔ＩＭＦ〕と国際復興開発銀行〔ＩＢＲＤ，世界銀行〕が設立された。この国際金融のしくみをブレトン‐ウッズ体制（ＩＭＦ体制）という。

　ＩＭＦは国際収支の赤字国に資金融資をすることで，為替相場を上下 1% に固定する。しかし基軸通貨国であるアメリカの経済的地位低下にともない，1971 年に金交換は停止された（ニクソン‐ショック）。同年 12 月の〔スミ

ソニアン〕合意にもかかわらず，1973 年，主要国は完全変動相場制に移行した。その結果，投機的な資金移動が経済を混乱させるようになり，ＥＣは1979 年，欧州通貨制度（ＥＭＳ）を設立した。1998 年には欧州中央銀行（ＥＣＢ）を設立し，ＥＭＳをＥＭＵ（経済通貨同盟）に発展させ，欧州通貨単位（ＥＣＵ）を用いた域内固定相場制を実現した。1999 年からは共通通貨〔ユーロ〕が導入され，現在ではＥＵ（欧州連合）の 17 か国で，ユーロ紙幣や硬貨が流通している。

　2008 年にはアメリカでおきた〔サブプライムローン〕問題を発端とする世界恐慌がおこり，大手証券会社の倒産などによる世界的な景気の落ち込みが見られた〔リーマン - ショック〕。さらに 2010 年にはＥＵの一国であるギリシャの財政危機をきっかけにして，ユーロ危機が生じている。直近では2020 年からの新型コロナウイルス感染症の拡大による景気の後退もあった。グローバル化が深まる国際関係のなかでは，一国の経済危機などが世界経済全体へ波及する可能性も高めている。

＊＊＊

問　世界経済に関し，次の❶～❹のうちから適切な記述を一つ選べ。

❶Ｄ．リカードは，他国よりも安い費用で生産できる商品を輸出し，他国よりも高くつく商品のみを輸入する「自由貿易論」を主張した。

❷Ｆ．リストは，他国より安い費用で生産することができる二つの商品がある場合でも，相対的に安くつくれる商品に生産を集中（特化）し，他の一つの商品は他国から輸入するべきだとする「比較生産費説」を唱えた。

❸Ａ．スミスは，途上国が国内産業の保護・育成のために行う高額輸入関税，輸入量規制などの「保護貿易」政策を，過渡的なものとして擁護した。

❹世界銀行は，発展途上国に経済的・社会的開発のための資金を融資している。姉妹機関として，1956 年に民間融資をする国際金融公社（ＩＦＣ），1960 年に債務負担緩和のために活動する国際開発協会（ＩＤＡ，第二世界銀行）を併設した。

＊＊＊

＊❹が適切。❶の主張は A. スミス，❷は D. リカード，❸は F. リストである。

14. 地域的経済統合の動き -------------------------------------

貿易や資本移動の活発化は国民国家を変質させ,「多民族(多文化)国家」「連邦国家」を出現させた。また主権国家の枠を超える「地域的経済統合」による統一市場を形成した。このような動きを〔リージョナリズム〕(地域主義)という。

1952年,フランス・西ドイツ・イタリア・ベネルクス3国は,「ECSC」(欧州石炭鉄鋼共同体)を結成して経済協力を開始した。その成功により,1957年には〔ローマ条約〕が締結され,対外共通関税,域内資本,労働移動自由化を目的とする〔EEC〕(欧州経済共同体)が設立された。また,核の共同管理を行うための「EURATOM」(欧州原子力共同体,ユーラトム)も設立された。

1967年には,その3機関(ECSC+EEC+EURATOM)を〔EC〕(欧州共同体)に統合した。1973年には,「EFTA」(欧州自由貿易連合,エフタ)を結成して対抗していたイギリスが,デンマーク・アイルランドとともに加盟し,ECの量的・質的拡大が開始された(拡大EC)。こうしてECは加盟国を増やしながら,1993年には人・モノ・カネの移動を完全に自由化する市場統合を実現した。同じ年,〔マーストリヒト条約〕の発効により,単一通貨ユーロの発行や政治的な統合をめざして,〔欧州連合〕(EU)に改組された。その後,東欧の加盟国を増やし,2009年,EUの政治的な機構を整える〔リスボン条約〕が発効した。これにより,欧州理事会常任議長(〔EU大統領〕)が新設され統合が深化していった。2023年現在,EU加盟国は27か国で共通通貨ユーロの導入国は19か国となっている。

アメリカは1992年調印(94年発効)の〔NAFTA〕(北米自由貿易協定,ナフタ)で,カナダ・メキシコとの域内関税を撤廃した。アメリカはこの協定を広げ,南北両アメリカ全域をおおうFTAA(米州自由貿易地域)を2005年末までに成立させることをめざしたが,参加国間の対立で発足は先送りされた。現在までにアメリカは,ナフタでの域内関税のあり方を見直して,アメリカ・メキシコ・カナダ協定(〔USMCA〕)を2020年に発効している。

南米ではブラジル・アルゼンチン・ウルグアイ・パラグアイの4か国が,1995年に〔MERCOSUR〕(南米共同市場,メルコスール)を関税同盟として設立した(2006年にベネズエラが加盟)。

1967年に5か国で発足した〔ASEAN〕(東南アジア諸国連合,アセアン)は,"アジアの奇跡"を実現し,1990年代には加盟国が10か国となった。1989年,オーストラリアの提唱で日本・カナダなどが参加する〔APEC〕

（アジア太平洋経済協力，エイペック）が発足した。現在ではロシアも含め21か国・地域が加盟している。

＊＊＊

問　EUの発展に関し，次の❶〜❹のうちから不適切な記述を一つ選べ。

❶ 1986年に単一欧州議定書を採択し，1993年に市場統合（EC統合）を完成させると，政治的（共通外交・安保），社会的統合が開始された。

❷ 1991年にマーストリヒト（欧州連合）条約が合意され，1993年の発効によってECからEU（欧州連合）に発展した。1994年には，決議機関として欧州理事会が機能を開始した。

❸ 1997年のアムステルダム条約はEUの共通外交・安保政策を模索するものであり，2001年のニース条約で意思決定システムを整備した。

❹ 1994年に欧州経済領域（EEA）を創設し，EFTAとの経済的統合を開始した。2004年には，スイスやトルコなど10か国が加盟して30か国体制となった。

＊＊＊

＊❹が不適切。EEAはEU27か国とEFTA加盟国のアイスランド，リヒテンシュタイン，ノルウェーの3か国で構成される。スイスやトルコはEUに未加盟である。

2004年に加盟したのは，EU第五次拡大該当国の10か国である（地中海地域のキプロス，マルタや，東欧のポーランド，チェコ，バルト3国など）。加盟には，1993年のコペンハーゲン基準（民主主義・市場主義・義務履行能力）が適用されるので，加盟希望国は政治的変容が促されることになる。

なおEUは，2004年にEU憲法条約を採択したが発効には至らず，2007年にリスボン条約が調印された（2009年発効）。2007年には，ブルガリア，ルーマニア，2013年にクロアチアが加わって28か国体制となった。しかし2020年，イギリスがEUから離脱し，2021年現在は27か国体制である。

15. 資源・エネルギー・環境問題 ------------------------------------

　産業革命以後の工業の発展は，鉄・アルミニウム・銅などの「原料」と，石油・石炭などの「エネルギー資源」を大量に消費する経済構造を形成した。特に，1960年代の石炭から石油への〔エネルギー革命〕は重化学工業を発展させ，経済を成長させた。

　しかし，石油市場をメジャーが支配し，先進国が安価に輸入できる状況は，1973年の第一次石油危機で終わった。資源小国である日本は，新しいエネルギーを開発・追究する必要に迫られ，1974年に〔サンシャイン〕計画，

1978年に省資源・省エネルギーの実現をめざす〔ムーンライト〕計画，1993年には持続的成長と地球環境問題の解決を両立させる〔ニューサンシャイン〕計画と，立て続けに対策を打ち出した。

　現実には原子力開発が推進された。その結果，原子力は，一次エネルギー供給で1970年度の0.3%から2008年度には10.4%に，総発電量（電気事業用）では29.2%（2009年度）を占めるまでになった。しかし，1979年のアメリカのスリーマイル島原発事故，1986年のソ連の〔チェルノブイリ〕原発事故，2011年の日本の福島第一原発事故は，安全性の問題を突きつけ，見直しを迫ることとなった。

　そこで注目されるのが〔リサイクル〕（再生利用）やリユース（再使用），リデュース（発生抑制）などであるが，資源の安定確保，クリーンエネルギーの開発，省エネルギーは，いまなお未解決の日本の課題となっている。

＊　＊　＊

問　リサイクルに関し，次の❶～❹のうちから適切な記述を一つ選べ。

❶ 1970年の「廃棄物処理法」は産業廃棄物の減量，不法投棄防止を目的とするものであり，家庭から出る一般廃棄物は対象としていない。

❷ 1991年の「リサイクル法」は，分別回収による資源の有効活用をはかるものであり，各自治体に対策を義務づけた。

❸ 1995年の「容器包装リサイクル法」は，消費者に分別提出，自治体に分別回収，業者に再商品化を義務づけるものである。

❹ テレビ・冷蔵（凍）庫・洗濯機・エアコンに関する「家電リサイクル法」と，「パソコンリサイクル法」，「自動車リサイクル法」などは資源再利用の具体化のための施策であり，2001年に同時に施行された。

＊　＊　＊

＊❸が適切。❶産業廃棄物以外の一般廃棄物も対象とする。❷推奨であり，義務はない。❹「家電リサイクル法」は2001年，「パソコンリサイクル法」は2003年，「自動車リサイクル法」は2005年と，順次施行された。なお2009年から，家電リサイクル法の対象がブラウン管テレビ・液晶テレビ・プラズマテレビ・冷蔵庫・冷凍庫・洗濯機・エアコン・乾燥機の8品目に拡大された。

16. 公害防止と環境問題への取り組み ---------------------------------

　公害問題は，古河鉱業足尾銅山（栃木県）の渡良瀬川汚染のように戦前からあったが，全国各地で産業公害が多発するようになったのは高度経済成長期からである。政府は，公害防除と環境政策のために，1967年に〔公害対

策基本法〕(1993 年, 環境基本法の施行にともない廃止) を制定し, 公害を大気汚染・水質汚濁・騒音・振動・地盤沈下・悪臭の 6 種類 (1970 年に土壌汚染を追加し, 典型 7 公害とよばれる) に定義した。1971 年には〔環境庁〕(現環境省) が発足し, 国の公害等調整委員会, 各都道府県の公害審査会などの公害紛争を調整するしくみもつくられた。

地球環境を守るための国際的取り組みには, 1972 年の〔国連人間環境会議〕がある。「かけがえのない地球」を合言葉に〔人間環境宣言〕を行い, UNEP (国連環境計画) を発足させた。

1992 年の〔国連環境開発会議〕(地球サミット) では「リオ宣言」(27 環境保全原則) を採択し, 遺伝子資源を守る〔生物多様性条約〕, 森林資源の保全・持続的開発を可能とするための「森林に関する原則声明」, リオ宣言実行綱領としての〔アジェンダ 21〕などを採択した。2002 年, その確認のために〔持続可能な開発に関する世界首脳会議〕(環境開発サミット) が南アフリカのヨハネスブルクで開かれた。多数のNGOも参加するなど, 史上最大の環境会議となった。2012 年には, ブラジルのリオデジャネイロで国連持続可能な開発会議 (リオ +20) が開かれた。

＊ ＊ ＊

問 環境問題に関し, 次の❶〜❹のうちから不適切な記述を一つ選べ。

❶ 1970 年に成立した公害 14 法のうちの「水質汚濁防止法」では濃度規制から総量規制への転換を行っている。また被害者の救済のために, 1972 年の同法改正などによって加害企業に対する「無過失責任制」が採用された。

❷ OECD環境委員会は 1972 年,「産業公害の原因」の根本的解決のために,「汚染者負担の原則」(PPP) を採択した。外部不経済を内部化させ, 社会的費用を公害の発生原因者に負担させようとするものである。

❸ UNEPは, 絶滅のおそれのある野生動植物保護のための 1973 年採択の「ワシントン条約」, フロン規制のための 1987 年の「モントリオール議定書」, 廃棄物の移動を規制する 1989 年の「バーゼル条約」などの事務局となり, 環境問題に関する国際協力を推進している。

❹「地球サミット」で採択された「気候変動枠組み条約」は, 1997 年の第 3 回締約国会議 (COP 3) における「名古屋議定書」という成果をもたらした。2008 年から 2012 年までに世界の温室効果ガスを 1990 年比 5.2% (日本 6 %, アメリカ 7 %, EU 8 %) 削減するものであり, 議定書はすでに発効しており, 各国がその実現に努めている。

＊ ＊ ＊

＊❹が不適切。名古屋議定書ではなく，京都議定書。発効には「55か国以上」の批准かつ「批准する先進国の合計排出量が1990年時点の総排出量の55％以上」であることが必要とされた。アメリカの離脱にもかかわらず，ロシアが批准したため，京都議定書は2005年に正式に発効した。現在，日本やEUなど160以上の国・地域が批准している。先進国で批准していないのは，アメリカのみである。なお，名古屋議定書とは，生物多様性条約の第10回締約国会議で2010年に合意した文書。

2 図版資料の読み取り方

1. 次の表は，財団法人「日本青少年研究所」調査による各国高校生の「学校で充実しているとき」の集計結果（2004年2月公表）を示したものである。これを分析した文章として正しい記述を，下の❶〜❺のうちから一つ選べ。

あなたが学校でもっとも充実していると感じる時はどんな時ですか？（複数回答，%）

	日本		アメリカ		中国		韓国	
	男	女	男	女	男	女	男	女
1. 好きな授業を受けている時	33.2	27.8	73.7	83.0	71.8	72.9	36.1	40.3
2. 生徒会活動などをしている時	3.1	2.9	5.0	11.1	28.1	29.1	4.2	6.9
3. 親しい友人と一緒にいる時	65.6	83.7	83.4	93.0	68.6	67.5	50.6	63.1
4. 部活動をしている時	49.4	29.9	—	—	22.2	21.5	21.6	20.4
5. 先生に褒められた時	5.1	8.1	33.2	45.0	42.7	44.8	31.7	43.3
6. よい成績を取った時	31.3	31.7	75.4	87.4	70.8	69.8	68.1	74.4
7. 文化祭，運動会の時	27.8	53.1	—	—	22.7	22.0	30.1	38.5
8. 勉強に打ち込んでいる時	6.0	8.3	18.1	31.9	37.1	38.7	24.1	32.3
9. 自分の個性や特技を生かせた時	34.9	38.7	61.4	66.8	62.6	60.7	36.8	41.1
10. 学問の楽しさを発見した時	11.9	15.8	19.2	22.3	58.3	58.1	25.8	33.5
11. その他	5.1	3.2	5.8	5.1	10.5	8.1	3.5	0.8
12. 充実していると感じた時はない	9.9	6.3	5.0	4.1	3.7	4.1	4.4	2.4

❶すべての国で「親しい友人と一緒にいる時」とする割合が，男女ともに上位1，2位を占める。

❷日本は「よい成績を取った時」とする割合が男女ともに最も低い。この傾向は中国・韓国にもみられる。

❸日本の「好きな授業を受けている時」は男女ともに4か国中最低であり，各国とも男子よりも女子の方が低い割合となっている。

❹日本の「充実していると感じた時はない」とする割合は，男女ともに「勉強に打ち込んでいる時」を上回り，各国の中で最も高い。

❺日本は「好きな授業を受けている時」の割合が中国の半分にも満たないが，「部活動をしている時」の割合は各国の中で男女ともに最も高い。

❺が正しい。
＊図表読解には，特徴的，極端なものから消去していく。この設問では，

「最も低い」「最も高い」から適否を判断し，それが「正しい」という設問の要求にかなっていなければ消去し，他の項目に移って吟味する。図表問題は最後の設問に正解のあることが多い。
❶中国は3位。❷中国・韓国は男女ともに高い。
❸女子が低いのは日本のみ。❹女子は下回っている。

2. 衆議院議員のある選挙区（小選挙区比例代表並立制）において，下表のような選挙結果が出た場合に，次の (1)(2) の説明文を参考にしながら，正しい当選者の組み合わせを，下の❶〜❺のうちから一つ選べ。

(1) 比例代表区の当選順位は名簿登載順になるが，重複立候補者に限り同一順位登載が可能であり，その当選順位は惜敗率（当選者との得票格差）による。

(2) 比例代表区は3小選挙区を1ブロックとして構成され，その定数は2である。議席配分はドント方式（得票を整数1，2…と割って得た数の大きいほうから配分）による。

	甲党	乙党
小選挙区1区	A5万	B2万
小選挙区2区	C4万	D3万
小選挙区3区	G3万	F4万
比例区得票	13万	7万

比例区名簿	甲党	乙党
1位	A	F
2位	C	B
2位		D
3位	E	H
4位	G	

❶甲党の AC と E が当選し，乙党の F，D が当選する。
❷甲党の AC と G が当選し，乙党の F，B が当選する。
❸甲党の AC と E が当選し，乙党の F，B が当選する。
❹甲党の AC と G，E が当選し，乙党の F が当選する。
❺甲党の AC と E が当選し，乙党の F，H が当選する。

❶が正しい。
＊小選挙区では甲党の A，C と乙党の F が当選する。
比例区では得票数により，甲党1名，乙党1名が議席配分される。
甲党は小選挙区当選者を除いた最高順位者 E が当選し，乙党は同様に小選挙区当選者を除いた同一順位者 B，D のうち1名が当選する。ここで小選挙区での惜敗率を計算すると，B が2/5，D が3/4となるので，D が当選ということになる。

176

3. 〈表1〉は，日本・ドイツ・イギリス・フランス・スウェーデンの社会保障費の財源構成を比較した表（2005年）であり，〈表2〉は，国民負担率などを比較した表（日本は2005年度，他は2002年）である。A〜Eに該当する国名として正しい組み合わせを，下の❶〜❺のうちから一つ選べ。

ただし各国には，それぞれ次のような特色がある。

(1) スウェーデンは最も高い国民負担率を課すことで被保険者拠出率を抑えている。

(2) 日本は国民負担率が最も低いが，財政赤字と高い被保険者拠出率で制度を維持している。

(3) イギリスは高い租税負担率によって，最も高い公費負担率を維持している。

(4) フランスは最も高い事業主拠出率と高い租税負担率によって制度を維持している。

〈表1〉（片山信子『社会保障財政の国際比較』2008年）

	事業主拠出率	被保険者拠出率	公費負担率	その他
A	44.7%	20.9%	30.6%	3.8%
B	35.0	27.7	35.6	1.7
C	32.4	15.5	50.5	1.6
D	30.0	32.2	34.2	3.6
E	41.0	8.8	48.0	2.3

〈表2〉（財務省『日本の財政を考える』2005年）

	租税負担率	社会保障負担率	財政赤字率
A	38.5%	25.2%	4.5%
B	28.9	24.8	4.7
C	38.2	9.5	1.7
D	21.5	14.4	8.9
E	49.3	21.7	0.4

❶Aフランス　B日本　Cドイツ　Dスウェーデン　Eイギリス
❷A日本　Bフランス　Cドイツ　Dスウェーデン　Eイギリス
❸Aフランス　B日本　Cイギリス　Dドイツ　Eスウェーデン
❹A日本　Bフランス　Cドイツ　Dイギリス　Eスウェーデン
❺Aフランス　Bドイツ　Cイギリス　D日本　Eスウェーデン

❺が正しい。
＊各国の傾向，とくにスウェーデンと日本の特徴についてはおさえてお

こう。
(1) から最も高い国民負担率（租税負担率＋社会保障負担率）の E がスウェーデン。
(2) から最も低い国民負担率の D が日本。
(3) から租税負担率ともっとも高い公費負担割合で C がイギリス。
(4) から最も高い事業主負担率の A がフランスということになる。
なお，財政赤字率を含めた国民負担率を「潜在的な国民負担率」という。

4. 日本の防衛費などに関し，次のグラフを参考にして正しい記述を，下の❶〜❺のうちから一つ選べ。

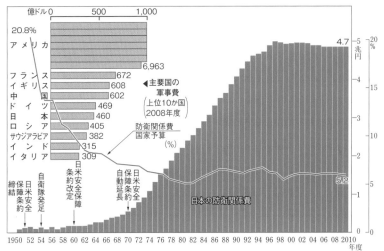

（『ミリタリー‐バランス』など）

❶ 1976 年の GNP1％枠の原則の確立は，日本の防衛費の増額を抑制する効果があった。

❷ 日本の国家予算に対する防衛関係費の割合は，自衛隊が発足した 1954 年以降，一貫して増大し続けている。

❸ 1990 年代後半から，日本の防衛関係費はほぼ停滞するようになった。

❹ 世界の軍事費上位 10 か国の中に，すべての G8 サミット（主要国首脳会議）参加国が含まれている。

❺ アメリカ 1 国の軍事費は，図中のほかの国の軍事費・防衛費の合計額を

若干下回る。

---

❸が正しい。

＊❶経済成長により絶対額は増えている。

❷長期的には低下してきたが，近年では 5 ～ 6 ％程度で推移している。

❹Ｇ 8 サミット参加国の中では，カナダが含まれていない。

❺アメリカは 1 国だけで 6963 億ドル，他の国の合計は 4222 億ドル。

---

5. 利害対立の解決には，いくつかの方法がある。次の 3 種類の状況のマトリックスに関する説明としてもっとも妥当な組み合わせを，次ページの❶～❹のうちから一つ選べ。なお，各ボックス内の数字は，左側が乙の利得，右側が甲の利得を示す。

〈表A〉

		甲	
		左	右
乙	左	1：1	0：0
	右	0：0	1：1

〈表B〉

		甲	
		協力	裏切り
乙	協力	2：2	0：3
	裏切り	3：0	1：1

〈表C〉

		甲	
		屈服	攻撃
乙	屈服	2：2	1：3
	攻撃	3：1	0：0

(A) 「調整問題状況」であり，乙と甲が共に左，あるいは共に右を選択すると相互に利得がある。それに対して，甲と乙とが異なる選択をすると互いに利得を失ってしまう。交通規則のように，一定基準を全員が遵守して行動することが，全員の利益を実現する。

(B) 「囚人のジレンマ状況」であり，情報交換ができない時の協力，裏切りを示す。最大の利益は自分が裏切って相手が協力する時に実現される。全員がそのような行動をとれば社会が成り立たなくなるので，一定の損失を全員に強制する必要が生じてくる。

(C) 「チキンゲーム状況」であり，敵の攻撃に対して同等の攻撃力で反撃すれば利益の一部が残存するが，攻撃に屈服して敵の利得を認めれば全面的な損失となる。必要なのは敵の攻撃力を上回る防備を怠らないことである。

❶ (A) 誤　(B) 正　(C) 誤

❷ (A) 正　(B) 正　(C) 正

❸ (A) 正　(B) 正　(C) 誤

❹ (A) 正　(B) 誤　(C) 誤

❸が妥当。

* (C)「チキンゲーム状況」であり，同等の攻撃力の時に，攻撃に反撃すれば互いに全滅するが，敵の攻撃に一方的に屈服すれば少なくとも存続は可能となる。理想的状態は双方が攻撃を控えること，そのために武装を全面解除することである。国家間に適用すれば，反撃よりも降伏，軍拡よりも軍縮が正しい選択ということになる。

6.「経済循環」に関し，次のグラフは1970年以降の日本の賃金上昇率，物価上昇率，長期金利，短期金利の変動の推移を示している。次ページの(1)〜(3)の説明文を参考にして，グラフのABCDの名称の正しい組み合わせを，次ページの❶〜❺のうちから一つ選べ。

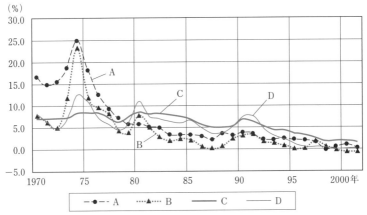

（「日本の賃金・物価・長短金利の推移」

http://www.mhlw.go.jp/shinji/2002/11/s1121-5c.html）

賃金上昇率：きまって支給する給与上昇率。厚生労働省大臣官房統計情報部

物価上昇率：消費者物価上昇率。総務省統計局

長期金利：国債10年応募者利回り（1970，71年は7年債）。日本銀行調査統計局

短期金利：有担保コールレート翌日もの。短資協会

(1) 失業率が低くなると，賃金が上昇し，物価を押し上げる傾向がある。1970年代半ばには賃金と物価の相関が典型的にうかがえるし，その後の推移も同様である。

(2) 一般に長期金利は短期金利よりも高くなるが，1975年前後に典型的なように，短期金利の方が高くなる局面も何度か出現している。

(3) 1980年代半ば以降がバブルとなるが，円高効果で物価上昇がほとんどない好景気であったことがうかがえる。

❶A長期金利　　　B短期金利　　　C賃金上昇率　　D物価上昇率
❷A長期金利　　　B賃金上昇率　　C短期金利　　　D物価上昇率
❸A物価上昇率　　B賃金上昇率　　C短期金利　　　D長期金利
❹A賃金上昇率　　B物価上昇率　　C短期金利　　　D長期金利
❺A賃金上昇率　　B物価上昇率　　C長期金利　　　D短期金利

> ❺が正しい。
> * (1)からAもしくはBが賃金上昇率，物価上昇率のいずれかとなる。
>   (3)から1985年以降に低下しているBが物価上昇率であり，Aが賃金上昇率となる。
>   (2)からCが長期金利，Dが短期金利となる。

7.「金融」について

[1] 次のグラフA〜Cは，日本・アメリカ・ユーロ（ドイツ）の家計部門の金融資産運用状況を比較したものである。この3国の正しい組み合わせを，次ページの❶〜❺のうちから一つ選べ。

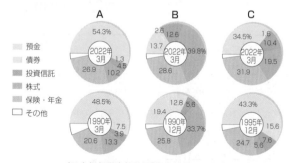

（日本銀行調査統計局「資金循環の日米欧比較」2022年）

❶Aユーロ　　　Bアメリカ　　C日本

❷Aアメリカ　　B日本　　　　Cユーロ

❸Aアメリカ　　Bユーロ　　　C日本

❹A日本　　　　Bユーロ　　　Cアメリカ

❺A日本　　　　Bアメリカ　　Cユーロ

> ❺が正しい。
> ＊日本は銀行預金，アメリカは株式投資などが多い。ユーロはその中間
> と見当をつければ解ける。
> 　ペイオフは，預金から株式などへの資金移動を誘導する政策としての
> 側面があった。しかし，株価低下と金融危機は，逆に国民の預金への
> 依存度を高める結果になった。

[2] 2022年の日本のマネーストック（通貨量の残高）は，預金通貨と準通貨で全体の90％強を占め，準通貨と譲渡性預金（CD）で全体の35％弱を占める。次のグラフの構成項目として正しい組み合わせを，下の❶〜❺のうちから一つ選べ。

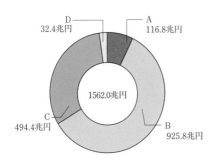

（日銀「マネーストック速報」2022年12月）

❶A預金通貨　　B現金通貨　　C準通貨　　　　D譲渡性預金

❷A現金通貨　　B預金通貨　　C譲渡性預金　　D準通貨

❸A預金通貨　　B準通貨　　　C現金通貨　　　D譲渡性預金

❹A預金通貨　　B現金通貨　　C譲渡性預金　　D準通貨

❺A現金通貨　　B預金通貨　　C準通貨　　　　D譲渡性預金

❺が正しい。

＊本文説明から全体の 90％強になる C と B が預金通貨と準通貨のいずれか。同様に全体の 35％弱になる C と D のいずれかが準通貨と譲渡性預金である。その結果，C が準通貨であり，そこから B が預金通貨，D が譲渡性預金と判明する。

2008 年 6 月より，日本銀行の統計が従来のマネーサプライからマネーストックに改められた。

8. 右下の二つのグラフは，主要国の財政収支などの推移を示したものである。財政赤字の多かった先進国に変化が生じ，フランスとドイツが横ばい，その他の諸国に一定の改善が見られたこともあったが，2008 年以降は各国とも厳しい状況にある。また，債務残高の対 GDP 比は，日本とイタリアのみが 150％を超えている。A ～ C の正しい国名の組み合わせを，次の❶～❺のうちから一つ選べ。

❶A イタリア　B ドイツ
　C 日本

❷A イタリア　B 日本
　C ドイツ

❸A ドイツ　　B イタリア
　C 日本

❹A 日本　　　B ドイツ
　C イタリア

❺A 日本　　　B イタリア
　C ドイツ

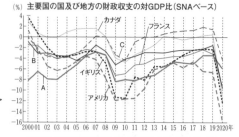

(%) 主要国の国及び地方の財政収支の対GDP比（SNAベース）

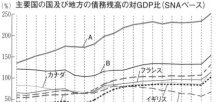

(%) 主要国の国及び地方の債務残高の対GDP比（SNAベース）

（財務省資料　2021 年度版）

❺が正しい。

＊日本のみが，政府の経済規模が相対的に低下しているにもかかわらず，債務残高が増加するなど，主要国の中で財政事情が最悪の水準にあることが分かる。

　このように，設問自体に手がかりが含まれている場合もあるので，文章全体を注意深く読むことが大切である。

9. 戦後の日本の農業の状態を示した次の (1) (2) のグラフの読み取りとして正しいものを，下の❶〜❺のうちから一つ選べ。

(1) 種類別の農家戸数の移りかわり

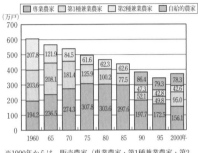

※1990年からは，販売農家（専業農家・第1種兼業農家・第2種兼業農家）と自給的農家に分ける新しい統計のとり方になりました。

(2) おもに農業の仕事をしている人の　　年齢別移りかわり

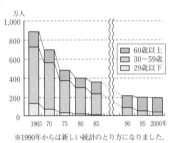

※1990年からは新しい統計のとり方になりました。

(農水省『ジュニア食料・農業・農村白書』)

❶農家戸数は減少を続けており，なかでも専業農家と第2種兼業農家の割合は第1種兼業農家に比べて大きく低下した。

❷第2種兼業農家の戸数は一貫して増加し続けている。

❸1990年からは販売農家と自給的農家に分類されるようになった。自給的農家の大半は第1種兼業農家であったと推察される。

❹農家戸数は減少しているが，従事者の高齢化には歯止めがかかっている。

❺ 29歳以下が激減するなど，農業従事者の高齢化が進んでいるため，後継者問題が深刻になっている。

---

❺が正しい。

＊❶第1種兼業農家に比べて，第2種兼業農家の割合は大きく低下したとはいえない。

❷1970年代から，絶対数としては減少している。

❸自給的農家の大半は第2種兼業農家であったと推察される。

❹グラフが右に移動するにしたがって，60歳以上の人の割合が増えている。つまり高齢化が進んでいる。

10. 次の表は主要国の 2020 年の産業別国内総生産（GDP）の割合などを示したものである。A 〜 F の国名の正しい組み合わせを，下の❶〜❺のうちから一つ選べ。

	第一次産業（%）	第二次産業（%）	第三次産業（%）	GDP（億ドル）
A	18	29	53	26,199
B	7	39	53	143,429
C	4	35	61	15,202
D	5	21	74	15,819
E	1	18	81	214,336
F	1	29	67	50,545

（世界の統計 2022　総務省）

❶ A 中国　　B インド　　C ロシア　D ブラジル　E 日本　　　F アメリカ
❷ A 中国　　B ロシア　　C インド　D 日本　　　E ブラジル　F アメリカ
❸ A ロシア　B インド　　C 中国　　D ブラジル　E 日本　　　F アメリカ
❹ A インド　B ブラジル　C ロシア　D 中国　　　E アメリカ　F 日本
❺ A インド　B 中国　　　C ロシア　D ブラジル　E アメリカ　F 日本

> ❺が正しい。
> ＊第三次産業の比率と経済規模から，E がアメリカであり，F が日本，A がインド，B が中国であると見当をつけよう。その範囲内での組み合わせから選択できる。
> アメリカの投資会社は 2050 年までに急成長する国として，アメリカのほかにブラジル・ロシア・インド・中国をあげている。これら将来の経済大国群は，各国の頭文字をとって BRICs（ブリックス）といわれていた。近年は，南アフリカ共和国を加え，BRICS と表記し，人口や面積が大きく，経済成長の著しい国として取りあげられる。

11. 「日本の貿易」について，次ページのグラフは 2008 年の日本の貿易相手地域と貿易の品目構成を示したものである。A 〜 C は主要な相手地域，D 〜 E は品目である。その説明として不適切な記述を，次ページの❶〜❺のうちから一つ選べ。

185

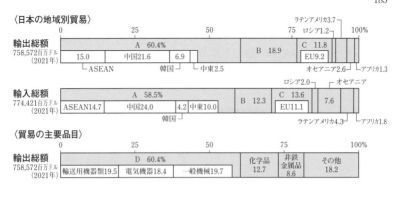

〈日本の地域別貿易〉

〈貿易の主要品目〉

(JETRO貿易統計)

❶日本の輸出先はアジアが60.4%，北米が18.9%とこの2地域で大半を占める。

❷日本の輸入先はアジアが58.5%，北米が12.3%とこの2地域で大半を占める。

❸日本の輸出額は機械類が60.4%，鉱物性燃料が0%である。

❹日本の輸入額は鉱物性燃料が20.0%，機械類が31.2%である。

❺日本は，東南アジアの途上国から燃料や原料を輸入し，欧米に工業製品を輸出する加工貿易によって経済を維持している。

❺が不適切。
＊日本の貿易相手地域は，Aのアジア＞Bの北米＞Cの欧州の順になる。アジアとは水平的分業に移行しつつある。Eの鉱物性燃料（石油）の輸入は中東からである。また，日本の製品輸入率（Dの機械類など）が50%前後となり，かつての「加工貿易」の姿は変貌している。

12. 「地域的経済統合」について，次の図は地域間の貿易額（輸入）の推移を示したものである。(1)～(3)の説明文を参考に，ABCD の地域名の正しい組み合わせを，次の❶～❺のうちから一つ選べ。

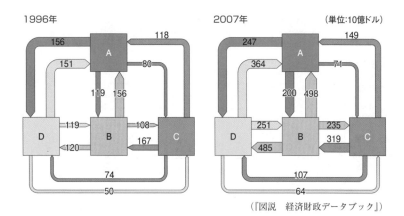

(『図説　経済財政データブック』)

(1) 1996年から2007年にかけて，欧州連合との経済交流が最も拡大したのはアジアである。

(2) アメリカ・欧州連合からの日本の輸入額は微減または微増だが，アジアの輸入額は2倍前後に増加している。

(3) 1996年から2007年にかけて，日本と欧米間の貿易不均衡は拡大した。

❶ A アメリカ　B アジア　　C 日本　　　D 欧州連合
❷ A アジア　　B アメリカ　C 日本　　　D 欧州連合
❸ A アジア　　B アメリカ　C 欧州連合　D 日本
❹ A 欧州連合　B アジア　　C 日本　　　D アメリカ
❺ A 日本　　　B アジア　　C アメリカ　D 欧州連合

❶が正しい。

13. 「地球環境問題」に関して，下の表は世界各地域の 2000 年の二酸化炭素排出量を示したものである。アジアと南アメリカの一人あたり排出量は同じであり，ヨーロッパは固体・液体・気体からの排出量が最も拮抗（きっこう）している。A～F の地域名として正しい組み合わせを，次の❶～❺のうちから一つ選べ。

産業工程から排出される二酸化炭素排出量（CO_2 万トン）

地域名	固体	液体	気体	合計	一人あたり（トン）
A	11,204.0	4,365.0	2,632.7	18,379.1	4.08
B	411.3	556.3	270.8	1,238.9	0.97
C	1,451.4	1,735.1	1,841.3	5,135.2	6.90
D	1,384.9	2,657.6	2,004.7	6,068.0	10.54
E	115.5	592.0	264.9	972.4	2.30
F	175.2	158.1	80.6	414.4	13.88
世界計	14,765.9	11,415.1	7,104.4	33,513.3	4.42

（二宮『2022 データブック オブ・ザ・ワールド』）

❶A南アメリカ　B アフリカ　　C ヨーロッパ　D北アメリカ
　Eアジア　　　Fオセアニア

❷A南アメリカ　Bヨーロッパ　C アフリカ　　Dアジア
　Eオセアニア　F北アメリカ

❸A北アメリカ　Bヨーロッパ　C アフリカ　　Dアジア
　Eオセアニア　F南アメリカ

❹Aアジア　　　Bヨーロッパ　C アフリカ　　D南アメリカ
　Eオセアニア　F北アメリカ

❺Aアジア　　　B アフリカ　　C ヨーロッパ　D北アメリカ
　E南アメリカ　Fオセアニア

❺が正しい。
＊問題文から，アジア・南アメリカは A か E であり，規模から A がアジア，E が南アメリカとわかる。また同様に C がヨーロッパであることがわかる。この二つのヒントで正解を導き出すことができる。

14.「エネルギーと環境問題」について，下のグラフは1キロワット発電あたりの二酸化炭素排出量（炭素換算，グラム）を示したものである。燃料調達，建設，運転を合算してある。A〜Dに該当する正しい組み合わせを，次の❶〜❺のうちから一つ選べ。

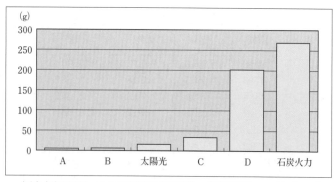

（電力中央研究所・内山洋司上席研究員試算，『朝日新聞』1997年8月27日）

❶ A 水力　　　B 原子力　　C 風力　　　D 石油火力
❷ A 原子力　　B 風力　　　C 水力　　　D 石油火力
❸ A 石油火力　B 風力　　　C 水力　　　D 原子力
❹ A 石油火力　B 風力　　　C 原子力　　D 水力
❺ A 石油火力　B 原子力　　C 風力　　　D 水力

---

❶が正しい。
＊下記が排出量の実数値である。「石炭火力」からDが石油であると見当をつけよう。その上で，最も排出量が少ないのが水力か原子力であると推定すれば，答えが導き出せる。ただし，水力や原子力には二酸化炭素排出量以外の問題点が指摘されていることに注意を要する。

A　水力 = 4.8g
B　原子力 = 5.76g（廃棄物処理を含む）
　　太陽光 = 15.84g
C　風力 = 33.6g
D　石油火力 = 201.6g
　　石炭火力 = 268.8g

15. 下のグラフは各国・地域の合計特殊出生率の推移を示したものである。その説明として正しい記述を，次の❶～❺のうちから一つ選べ。

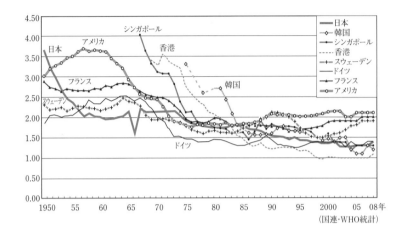

(国連・WHO統計)

❶すべての国や地域で低下し続けており，数値が向上した国や地域は存在しない。

❷日本の 1966 年の落ち込みは丙午のためであり，戦後の最低水準を記録している。

❸途中からの統計だが，香港の落ち込みはシンガポールを上回り，最も低下の著しい地域である。

❹社会福祉の充実しているスウェーデンは，1970 年代以降フランスを上回る水準で推移している。

❺ 1980 年以降の日本と韓国は，ほぼ同水準で推移している。

---

❸が正しい。

＊❶アメリカなどは改善している。❷丙午の年は 1.58。1989 年にはそれを下回る 1.57 となり，「1.57 ショック」と呼ばれた。日本はその後もほぼ下がり続けてきたが，2005 年の 1.26 を底にやや上昇。2010 年は 1.39。❹スウェーデンは 1996 年以降，フランスを下回っている。❺ 1980 年以降の韓国の落ち込みは急であり，2000 年代に入ってから日本を下回るようになった。

3 思考・判断・資料活用に関する 問題演習

(2022 年度，本試・現社 10)

科学的なものの見方や考え方，課題探究の方法について，心理学者のマーシャは，エリクソンのアイデンティティの概念を発展させ，アイデンティティの状態（アイデンティティ・ステイタス）について四つに分類した。分類は，職業選択などの領域における，次に示す「危機」と「関与」の二つの基準によってなされ，表の A ～ D に区分される。このうち A ～ C の分類と，それらに対応する青年の例ア～エとの組合せとして最も適当なものを，後の❶～❾のうちから一つ選べ。

> 「**危機**」と「**関与**」
> ・「**危機**」：自分の職業などに関する様々な選択肢のなかで，選択や決定をしようと悩んだり思索し続けたりする時期
> ・「**関与**」：職業などにつながるかもしれないことについて自ら積極的に関わったり何かしらの行動をとったりすること

(注) 「危機」と「関与」の内容は，マーシャの著書およびマーシャの理論に基づいた研究者らの著書により作成

表 アイデンティティ・ステイタスの分類

	「危機」	「関与」
A アイデンティティ達成	経験した	している
B モラトリアム	現在，経験している最中である	しているが曖昧である
C 早期完了（フォークロージャー）	経験していない	している
D アイデンティティ拡散	経験していない，もしくは，経験した	していない

ア 私は，親からバレエダンサーになるよう言われてきました。私は，幼少期から何度もバレエで受賞しており，ダンサーになることに疑問を感じたことはありません。高校卒業後は，バレエ団に入団し，舞台で活躍するために，毎日，練習に励んでいます。

イ 私は，親から公務員になるよう言われてきました。しかし，自分は公務員には向いていないのではないかとずっと思っていました。大学に入ってからは，将来のことはその時に考えればよいし，どのみち自分の思いどおりにはならないので，今楽しければそれで良いと思って過ごしています。

ウ 私は，高校時代から進路に悩んでいました。そのなかで，友人に誘われて取り組んだ地域活性化事業がとても面白く，ビジネスとしても軌道に乗り始めたので，将来のキャリアとして考えるようになりました。大学では地域福祉について研究しており，研究成果をこの事業にいかしていく予定です。

エ 私は，大学入学の頃から将来について真剣に悩んでいます。職業や生き方を考えるために関連する本を読んだり，ボランティアに参加したりするなど，色々なことを試していますが，まだ自分が何をしたいのかが分かりません。

❶ A－ア　B－イ　C－ウ
❷ A－ア　B－イ　C－エ
❸ A－ア　B－ウ　C－エ
❹ A－イ　B－ア　C－ウ
❺ A－イ　B－ア　C－エ
❻ A－イ　B－エ　C－ア
❼ A－ウ　B－イ　C－ア
❽ A－ウ　B－エ　C－ア
❾ A－ウ　B－エ　C－イ

*❽が適切。問題文にあるアイデンティティ・ステイタスの分類表に区分されているA「アイデンティティ達成」，B「モラトリアム」，C「早期完了（フォークロージャー）」について，選択肢ア〜エの内容を，「危機」と「関与」について分析・判断する。

ア：「ダンサーになることに疑問を感じたことはありません」から「危機」を「経験していない」と読める。また「高校卒業後は，バレエ団に入団し」とあることから，「関与」「している」と読める。従って，

Cの早期完了に当たる。

イ：「自分は公務員に向いていないのではないかとずっと思っていました」から「危機」を「経験した」と読める。また「今楽しければそれで良いと思って過ごしています」から、「関与」「していない」と読める。従って、Dのアイデンティティ拡散に当たる。

ウ：「進路に悩んでいました」ことから「危機」を「経験した」と読める。また「大学では地域福祉について研究しており、研究成果をこの事業にいかしてく予定です」とあることから、「関与」「している」と読める。従って、Aのアイデンティティ達成に当たる。

エ：「将来について真剣に悩んでいます」とあることから「危機」を「現在経験している最中である」と読める。また「職業や生き方を考えるために関連する本を読んだり……色々なことを試していますが、まだ、自分が何をしたいのかが分かりません」とあることから、「関与」「しているが曖昧である」と読める。よって、Bのモラトリアに当たる。

❽の「A—ウ，B—エ，C—ア」が正解。

共通テスト演習　2

（2018 年度，試行・現社 3）

地方自治に関係した記事の取材のあと、新聞部で議論し、国や地方公共団体の政策や制度を検討する際に考慮すべきと思われる観点を次の二つに整理した。

（ア）　公共的な財やサービスについて、民間の企業による自由な供給に任せるべきか、それとも民間ではなく国や地方公共団体が供給すべきか。すなわち、経済的自由を尊重するのか、しないのか、という観点。

（イ）　国や地方公共団体が政策や制度を決定する場合に、人々の意見の表明を尊重するのか、しないのか。すなわち、精神的自由、とりわけ表現の自由を尊重するのか、しないのか、という観点。

いま、（ア）の観点を縦軸にとり、（イ）の観点を横軸にとって、次のような四つの領域を占めるモデル図を作ってみた。

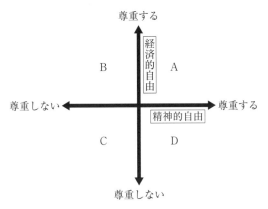

　以上の観点とモデル図をふまえると，次の（ⅰ）と（ⅱ）で述べた政策や制度，国や地方公共団体の在り方は，それぞれ，A～Dのいずれの領域に位置すると考えられるか。その組合せとして最も適切なものを，次の❶～❽のうちから一つ選べ。

（ⅰ）　国や地方公共団体は，バスや鉄道などの公共交通機関を経営し，民間企業が参入する場合には，厳しい条件やルールを設ける。また，その政策に対する国民や住民の批判や反対を取り締まる。

（ⅱ）　国や地方公共団体は，バスや鉄道などの公共交通機関を経営せず，民間企業の活動に任せる。また，その政策に対する批判や反対であっても，国民や住民による意見表明を認める。

	（ⅰ）	（ⅱ）
❶	A	B
❷	B	C
❸	C	D
❹	D	A
❺	A	C
❻	B	D
❼	C	A
❽	D	B

＊**❼**が適切。社会的な事象をどのようにとらえて整理するかが問われている。モデル図が示されているので，カテゴライズをうまく活用して判断する。縦軸は「経済的な自由」を重視するかしないか。横軸は「精神的な自由」を重視するかしないかであることを確認する。

(i)の意見では国や政府が公共交通機関を経営し，<u>民間の参入を厳しく取り締まり，ルールを厳格にする</u>ことを主張している。

(ii)の意見では国や政府が公共交通機関を経営せず，<u>民間の参入に任せ，国民の意見を受け入れる</u>。

上記アンダーラインの箇所が経済的自由に関係する意見であり，二重下線の箇所が精神的自由に関係する意見である。

共通テスト演習　3

（2022年度，本試・現社5）

　国際連合平和維持活動（PKO）に関してその予算分担率と人員派遣数について示した次の表1・表2から読み取れることとして最も適当なものを，後の**❶**〜**❹**のうちから一つ選べ。

表1　PKO 予算分担率：上位 10 か国（2019 年）　　　　　　　（%）

順　位	国　名	分担率	順　位	国　名	分担率
1	アメリカ	27.9	6	フランス	5.6
2	中　国	15.2	7	イタリア	3.3
3	日　本	8.6	8	ロシア	3.0
4	ドイツ	6.1	9	カナダ	2.7
5	イギリス	5.8	10	韓　国	2.3

(注) 分担率は，小数点第2位を四捨五入して示している。
国際連合文書 (A/73/350/Add.1) により作成。

表2　PKO への人員派遣数：上位 10 か国　　　　　　　　　（人）

	1990 年 11 月末時点 （全 46 か国から計 10,304） （上位 10 か国から計 8,675）		2020 年 3 月末時点 （全 119 か国から計 82,670） （上位 10 か国から計 46,322）	
順　位	国　名	分担率	国　名	分担率

1	カナダ	1,002	エチオピア	6,659
2	フィンランド	992	バングラデシュ	6,437
3	オーストリア	967	ルワンダ	6,313
4	ノルウェー	924	ネパール	5,655
5	ガーナ	892	インド	5,433
6	ネパール	851	パキスタン	4,462
7	アイルランド	839	エジプト	3,185
8	イギリス	769	インドネシア	2,856
9	スウェーデン	720	ガーナ	2,784
10	フィジー	719	中　国	2,538

Troop and Police Contributors（"United Nations Peacekeeping" Web ページ）により作成。

❶　2019 年の PKO 予算分担率によれば，PKO 予算の 80％以上が，上位 5 か国によって負担されている。

❷　2019 年の PKO 予算分担率によれば，国際連合安全保障理事会の常任理事国の分担率を合計すると，PKO 予算全体の 70％以上を占める。

❸　2019 年の PKO 予算分担率，および 2020 年 3 月末時点の PKO への人員派遣数のいずれにおいても，上位 10 か国に入っている国際連合の加盟国はない。

❹　1990 年 11 月末時点では，PKO に従事する人員の半数以上は，アジア・アフリカ以外の国から派遣されていたが，2020 年 3 月末時点では，半数以上がアジア・アフリカの国から派遣されている。

＊❹が適切。既有の知識がなくても，1 つ 1 つの選択肢の語句や数字を冷静に資料と付き合わせて，整合しているかどうかを判別していくことで，解法できる。

❶では，上位 5 か国の分担率を合計すると「80％以上」ではなく，63.6％であり，誤文である。

❷では，安保理の常任理事国（米ロ中英仏）の負担率を合計すると「70％以上」ではなく，57.5％であるので誤文である。

❸ではいずれの表においても，加盟国である中国が入っている。

❹は 1990 年時点での PKO 従事者は 10,304 人，その半数は 5,152 人。

＊細かい計算をするのではなく概算で考える方法も有効である。例えば，1990 年の PKO の統計の正誤の判定において，その半数は約 5,000 人

とする。カナダ，フィンランド，オーストリア，ノルウェー，アイスランド，イギリス，スウェーデンの人数についても，カナダ，フィンランド，オーストラリア，ノルウェーはおおよそ 1,000 人とすれば，この 4 か国だけで 4,000 人に達する。

共通テスト演習　4

(2021 年度，第 2 日程・現社 20)

資料

結言
　　以上述べ来つた所を顧みれば，日本経済の将来は誠に苦難に満ちたものである。
　　……自国の繁栄と生活水準の向上は，国民全体の幸福のために追求されねばならないけれども，其れが他国民の犠牲に於て達成されるのであつてはならない。

(外務省調査局『改訂　日本経済再建の基本問題』昭和 21 年 9 月により作成。)

　ウエハラさんは下線部を読んで，ここに示された幸福についての考え方は，時を超えて現代社会の諸課題にも適用可能であることに気づいた。そこで「自国の工業化を急速に進めたところ，自国の経済は発展したものの，その工業化のせいで近隣諸国に酸性雨被害を与える懸念が生じてきた」という課題について考えてみた。次に示す，この課題例への姿勢 A・B のうち，下線部に示された考え方とより整合的なものと，下の課題例に関する記述ア～エのうち正しいものとを選び，その組合せとして最も適当なものを下の❶～❽のうちから一つ選べ。

課題例への姿勢

A　近隣諸国に被害を与える形での経済発展を避けるべきだという考えのもと，二酸化硫黄などの排出を抑制しつつ工業化を図ることにした。

B　近隣諸国と相互に影響を及ぼし合うことはやむを得ないという考えのもと，他国の状況に左右されずに自国の経済発展を図ることにした。

課題例に関する記述

ア　酸性雨被害の防止を主な目的としてバーゼル条約が締結され，日本もこの条約に加盟している。

イ　酸性雨被害の防止を主な目的としてバーゼル条約が締結されたが，日本はこの条約に加盟していない。

ウ　酸性雨被害への国際的な取組みの一つとして，東アジア諸国を中心に締結された長距離越境大気汚染条約がある。

エ　酸性雨被害への国際的な取組みの一つとして，欧米諸国を中心に締結された長距離越境大気汚染条約がある。

❶　A―ア　　　❷　A―イ　　　❸　A―ウ　　　❹　A―エ

❺　B―ア　　　❻　B―イ　　　❼　B―ウ　　　❽　B―エ

＊❹が適切。示されている「幸福」の考え方は，「自国の繁栄と生活水準の向上」を国民の幸福のために追求すべきだが，「他国民の犠牲で」達成されるのものではない，ということ。その考え方は「課題例への姿勢」の A で示されている。「課題例への姿勢」は酸性雨被害への懸念であることを前提に「課題例に関する記述」の選択肢を考える。

バーゼル条約は有害廃棄物に関する条約であり，長距離越境大気汚染条約が酸性雨に関する調査・研究を対象とするものである。

長距離越境大気汚染条約は，「国連欧州経済委員会（ECE）による，歴史上初の越境大気汚染に関する国際条約。1979 年締結，1983 年発効。ヨーロッパ諸国を中心に，米国、カナダなど 49 か国が加盟（日本は加盟していない）。加盟国に対して，酸性雨等の越境大気汚染の防止対策を義務づけるとともに，酸性雨等の被害影響の状況の監視・評価，情報交換の推進などを定めている。」（EIC ネット，環境用語集による）

共通テスト演習　5 --

（2022年度，本試・現社16）

　高校生のホシノさんは，大学が高校生にも講義の受講を認めるプログラムに参加し，講義中で取り上げられていた信用創造について，どのような過程で起こるのか確認するために，教科書に倣い図と説明文を作ってみた。ホシノさんが作成した次の図や説明文にある　ア　～　ウ　に入る数字の組合せとして最も適当なものを，後の①～⑧のうちから一つ選べ。

図

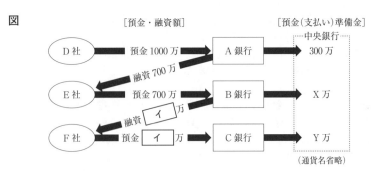

説明文

　　これは預金（支払い）準備率が　ア　％で，各銀行が預金（支払い）準備率を満たす必要最低限度の準備金を中央銀行に預け，残りの預金はすべて融資に回すものとした場合の例である。この場合，A銀行は過不足なく準備金を中央銀行に預け，預金増加額のうち残りの700万すべてを資金運用のためE社に融資する。また，E社から預金を受け入れたB銀行はA銀行と同様の行動を取りF社へは　イ　万貸し出す。このときF社がC銀行に　イ　万すべてを預けた段階で，これら三つの銀行が受け入れた預金の増加額は，D社が最初に預け入れた1000万の倍以上に増えており，社会全体の通貨供給量が増えていることが分かる。なお，預金（支払い）準備率が40％の場合には，図中のA銀行からE社への融資及びE社からB銀行への預金は600万となり，B銀行からF社への融資及びF社からC銀行への預金の数字も変わる。したがって預金準備率が40％の場合に三つの銀行が受け入れた預金の増加額は　ウ　万となり，準備率が低いほど信用創造の効果は大きくなることが分かる。

❶　ア　30　　イ　490　　ウ　1960
❷　ア　70　　イ　490　　ウ　2190
❸　ア　30　　イ　420　　ウ　2120
❹　ア　70　　イ　490　　ウ　1960
❺　ア　30　　イ　490　　ウ　2190
❻　ア　70　　イ　420　　ウ　1960
❼　ア　30　　イ　420　　ウ　1960
❽　ア　70　　イ　420　　ウ　2120

＊❶が適切。
　D社がA銀行に1000万円を預金し，A銀行が中央銀行に300万円を預金していることから，預金準備率は30％であることを導くことが出来る。空欄アは30。
　次に，E社はB銀行にその30％に当たる210万円を中央銀行に預けたことになる。よって，B銀行は残りの490万円をF社に融資した。空欄イは490。
　預金準備率が40％の場合は，A銀行は中央銀行に400万円預け，600万円をE社に融資し，B銀行はE社からの600万円の預金のうち，40％に当たる240万円を中央銀行に預け，360万円をF社に融資する。C銀行はF社からの預金360万円のうち40％に当たる144万円を中央銀行に預ける。
　A銀行の預金額1000万円，B銀行の預金額600万円，C銀行の預金額360万円を合計すると，1960万円である。空欄ウは1960。
　以上より❶「アー30，イー490，ウー1960」が正解。

共通テスト演習　6 --
(2018年度，試行・現社 29)
　日本の社会保障問題について，次の資料を参考にして，日本のこれからの社会における課題とその解決策についての記述として適当なものを，ア～エのうちから二つ選び，その組合せとして最も適当なものを，次の❶～❻のうちから一つ選べ。

高齢者の総人口に対する割合　単位：千人　（　）は割合％

	2015 年	2025 年
65 歳以上人口（総人口に対する割合）	33,868 （26.6）	36,771 （30.0）
うち 75 歳以上人口（総人口に対する割合）	16,322 （12.8）	21,800 （17.8）

75 歳以上の人口とその割合　単位：千人　（　）は各府県の総人口に対する割合％

	甲グループ					乙グループ			全国
	埼玉県	千葉県	神奈川県	愛知県	大阪府	鹿児島県	秋田県	山形県	
2015 年	773	707	993	808	1,050	265	189	190	16,322
	（10.6）	（11.4）	（10.9）	（10.8）	（11.9）	（16.1）	（18.4）	（16.9）	（12.8）
2025 年	1,209	1,072	1,467	1,169	1,507	296	209	210	21,800
	（16.8）	（17.5）	（16.2）	（15.7）	（17.7）	（19.5）	（23.6）	（20.6）	（17.8）
＊	1.56 倍	1.52 倍	1.48 倍	1.45 倍	1.44 倍	1.11 倍	1.11 倍	1.11 倍	1.34 倍

＊倍率は，2025 年の 75 歳以上の人口÷2015 年の 75 歳以上の人口（小数第 3 位を四捨五入）

高齢者世帯数　単位：1000 世帯

	2015 年	2025 年
世帯主が 65 歳以上の夫婦のみ世帯	6,277	6,763
世帯主が 65 歳以上の単独世帯	6,253	7,512

注：数値は，2015 年の国勢調査報告による推計値である。
出典：すべて国立社会保障・人口問題研究所の資料により作成

ア　2015 年から 2025 年にかけて，高齢者数・高齢者のみの世帯数はともに
増加し，高齢者の医療費用・介護費用は増大すると予想される。そこで，
これを社会保険によって解決しようとすれば，今まで以上に保険料を徴収
することが考えられ，支払い能力があるものが負担することが望ましいと
いう考え方に立てば，65 歳以上の被保険者であっても所得の高い層に社
会保険料の負担を増やすという解決策が考えられる。

イ　2015 年から 2025 年にかけて，世帯主が 65 歳以上の単独世帯よりも夫
婦のみ世帯の方が増加率は大きく，夫婦のみの世帯で老老介護ができたと
しても介護保険利用者は増大することが予測される。そこで，国民全てに
等しく負担を求めることが望ましいという考え方に立てば，財源を確保す
るために間接税を増税するという解決策が考えられる。

ウ　2015 年から 2025 年にかけて，各府県の総人口に占める 75 歳以上の高

齢者の割合は, 資料中の乙グループに比べて甲グループの方がより増大し, 高齢者に関係する社会保障関係費も増大することが予想される。そこで, 自助や共助を推し進めるという考え方に立てば, 甲グループでは例えば在宅サービスなどをより積極的に支援するという解決策が考えられる。

エ　2015 年から 2025 年にかけて, 資料中の甲グループの 75 歳以上の高齢者の増加率は乙グループのそれを上回り, 甲グループが今後も現状の介護サービスを維持することが困難であることが予想される。そこで, 2025 年に各府県の総人口に占める 75 歳以上の高齢者の割合が高いところから優先的に財政支援を行うべきだという考え方に立てば, 国は甲グループに積極的に財政支援すべきだという解決策が考えられる。

- ❶ アとイ
- ❷ アとウ
- ❸ アとエ
- ❹ イとウ
- ❺ イとエ
- ❻ ウとエ

＊❷が適切。複数の資料をきちんと読み取るとともに, 長文となっている選択肢の文意とポイントとなる資料との関連性にも注目して取り組もう。

提示された資料を読み取り, 選択肢のなかから適切な 2 つを選ぶ問題。選択肢が長文だが, しっかりと読み取れば判断できる。

資料は　高齢者 (65 歳以上と 75 歳以上) の総人口に対する割合の比較 (2015 年と 2025 年)・県別の 75 歳以上の人口とその割合についての比較 (2015 年と 2025 年)・高齢者世帯数の種別 (夫婦のみと単独) ごとの比較 (2015 年と 2025 年)。

共通テスト演習　7 --

(2023 年度・現社・本試 5)

　マツキさんは授業で, 「地域経済統合の影響」をテーマに発表することになった。A 国, B 国, C 国の三国だけで貿易を行っている場合を仮定し, A 国が他国と自由貿易協定 (FTA) を結んだ際に得られる利益と損失について考え, 次の表と後のメモをまとめた。メモ中のア〜ウに入る数字の組合せと

して最も適当なものを，後の❶～❻のうちから一つ選べ。

表　A国が他国から製品Xを輸入するときのA国での1単位の販売価格

	輸入関税がゼロのとき	輸入関税が40％かかるとき
B国からの輸入	500円	700円
C国からの輸入	600円	840円

(注1) 販売価格とは，財が市場で取引される価格である。
(注2) 輸入国の市場での販売価格には関税以外の間接税は含まれないと仮定する。
(注3) ここで扱う関税は，輸入国の市場での販売価格に対して課税され，その販売価格には国内の関係業者の手数料や利益，その他の費用は含まれないと仮定する。また販売価格は，課税後に需給によって変動しないと仮定する。
(注4) 輸送費用はかからないものとする。
(注5) A国の製品Xの生産費は1単位700円より大きいものとする。

メモ

> A国，B国，C国が同一のFTAを結べば，三国ともに自由貿易の利益を相互に享受する。しかしA国，B国C国のFTAの結び方によっては，A国が利益を必ずしも享受できるわけではない。
>
> A国が，B国，C国とFTAを結んでおらず，両国から同一製品Xの輸入に対して1単位当たり40％の輸入関税をかけることを想定する。このときA国はB国のみから製品Xを輸入し，1単位 ア 円分の関税収入を得る。
>
> A国とC国がFTAを結べば，C国から製品Xを輸入しても関税がかからないため，製品Xの販売価格がB国より安くなるC国に輸入先を変更する。このときA国での製品Xの販売価格は イ 円分下がり，両国の貿易は活発となり，消費者は価格低下の恩恵を受ける。
>
> しかしC国とFTAを結んだA国は，それ以前にB国から製品Xを輸入することで得ていた1単位 ア 円分の関税収入を失う。政府が失った関税収入 ア 円と，製品Xの販売価格低下による消費者の恩恵としての イ 円分の差額 ウ 円は，A国の損失額となる。

❶ ア 100　　イ 140　　ウ 40
❷ ア 100　　イ 200　　ウ 100
❸ ア 100　　イ 240　　ウ 140
❹ ア 200　　イ 100　　ウ 100

❺ ア 200　　イ 140　　ウ　60
❻ ア 200　　イ 240　　ウ　40

＊❹が適切。経済的な計算をして解かねばならない問題となっている。
空欄アは表より，A国がB国のみから製品Xを輸入すれば，700円
－500円＝200円　の関税収入を得ることがわかる。よって空欄アは
200となる。
空欄イは，A国がFTAを結んだC国から製品Xを輸入するように
なれば，C国からの製品Xは600円であるから，Xの市場価格は
700円－600円＝100円　下がる。よって空欄イは100となる。
空欄ウは従って，政府が失った関税収入200円と，製品Xの販売価
格低下による消費者の恩恵としての100円分の差額100円はA国の
損失額といえる。よって，空欄ウは100。

214

216

《執筆者》 公共データバンク編集委員会

公共データバンク －一問一答－

2023 年 3 月 25 日　　初版第 1 刷発行　　定価はカバーに表示してあります。

編　者　清水書院編集部
発行者　野村　久一郎
印刷所　広研印刷株式会社
発行所　株式会社　清水書院
　　〒 102 － 0072　東京都千代田区飯田橋 3 － 11 － 6
　　　　　電話　03 （5213） 7151 （営業部）
　　　　　　　　03 （5213） 7155 （編集部）
　　　　　FAX　03 （5213） 7160
　　　　　振替　00130 － 3 － 5283
　　　　　http://www.shimizushoin.co.jp　　ISBN978 － 4 － 389 － 21902 － 4